方法对了，孩子学习才高效

沈利红　沈利克———著

青岛出版集团 | 青岛出版社

图书在版编目（CIP）数据

方法对了，孩子学习才高效 / 沈利红，沈利克著 . — 青岛：
青岛出版社 , 2023.4

ISBN 978-7-5736-0849-9

Ⅰ . ①方… Ⅱ . ①沈… ②沈… Ⅲ . ①小学生 – 学习方法
Ⅳ . ① G622.46

中国国家版本馆 CIP 数据核字 (2023) 第 033887 号

	FANGFA DUI LE，HAIZI XUEXI CAI GAOXIAO	
书　　名	方法对了，孩子学习才高效	
著　　者	沈利红　　沈利克	
出版发行	青岛出版社	
社　　址	青岛市崂山区海尔路 182 号（266061）	
本社网址	http://www.qdpub.com	
邮购电话	0532-68068091	
策划编辑	尹红侠	
责任编辑	赵慧慧	
封面设计	祝玉华	
封面插图	胡　佳	
照　　排	青岛乐喜力科技发展有限公司	
印　　刷	青岛乐喜力科技发展有限公司	
出版日期	2023 年 4 月第 1 版　2023 年 4 月第 1 次印刷	
开　　本	16 开（710mm×1000mm）	
印　　张	14	
字　　数	210 千	
书　　号	ISBN 978-7-5736-0849-9	
定　　价	49.80 元	

编校印装质量、盗版监督服务电话：4006532017　0532-68068050

序言

2021年7月，中共中央办公厅、国务院办公厅印发了《关于进一步减轻义务教育阶段学生作业负担和校外培训负担的意见》（以下简称《意见》）。该《意见》完善了家校社协同机制，要求：

进一步明晰家校育人责任，密切家校沟通，创新协同方式，推进协同育人共同体建设。教育部门要会同妇联等部门，办好家长学校或网上家庭教育指导平台，推动社区家庭教育指导中心、服务站点建设，引导家长树立科学育儿观念，理性确定孩子成长预期，努力形成减负共识。

2021年10月23日，《中华人民共和国家庭教育促进法》（以下简称《家庭教育促进法》）由第十三届全国人民代表大会常务委员会第三十一次会议通过，并于2022年1月1日起施行。《家庭教育促进法》是我国第一次以立法的形式促进家庭教育的科学化、法制化，既契合家庭教育的特殊重要性，又为国家培养未来合格的建设者和接班人提供法律保障。《家庭教育促进法》对未成年人的父母或者其他监护人实施家庭教育提出了以下方式方法：

（一）亲自养育，加强亲子陪伴；

（二）共同参与，发挥父母双方的作用；

（三）相机而教，寓教于日常生活之中；

（四）潜移默化，言传与身教相结合；

（五）严慈相济，关心爱护与严格要求并重；

（六）尊重差异，根据年龄和个性特点进行科学引导；

（七）平等交流，予以尊重、理解和鼓励；

（八）相互促进，父母与子女共同成长；

（九）其他有益于未成年人全面发展、健康成长的方式方法。

那么，当"家事"成为"国事"之后，如何合理合法的实施家庭教育便成为当代中国家长们必须直面的大事。如何树立良好的家风，家长需要学习；如何履行家庭教育的责任，家长需要学习；如何尊重孩子的身心发展规律和个体差异，家长需要学习；如何尊重孩子的人格尊严、保障孩子的合法权益，家长需要学习；如何遵循家庭教育的特点、贯彻科学的家庭教育理念，家长需要学习；如何使家庭教育与学校教育、社会教育协调一致，家长需要学习；如何根据家庭和孩子的实际情况采取灵活多样的教育方法，家长同样需要学习。

其实，要缓解乃至消除家长在亲子教育、家庭建设方面的种种焦虑和压力，比较有效的路径也是"学习"。当家长因为要不要为孩子购买学区房而焦虑时，学习无疑是家长的必由选择；当家长因为孩子的学习成绩一落千丈而焦虑时，学习一定是家长的必由选择；当家长因为孩子的各种拖拉而焦虑时，学习当然是家长的必由选择；当家长因为孩子沉迷于电子游戏而焦虑时，学习是家长的必由选择；当家长因为找不到鼓励孩子的门道而焦虑时，学习依然是家长的必由选择；当家长因为孩子深陷自卑的漩涡而焦虑时，学习同样是家长的必由选择。

是的，家长只有持续、有效的学习，才能为家庭教育提供源源不断的正能量，才能不断地消除自身的各种家庭教育负能量。

《方法对了，孩子学习才高效》正是这样一本适合家长学习的家庭教育读物。

首先，这本书的内容几乎涵盖了当前家庭教育所有的热点、痛点和焦点。学业问题是当代家长较为关切和焦虑的热点话题。而《方法对了，孩子学习才高效》一书，就是治愈家长学业焦虑的处方大全。孩子的学业问题，涉及遗传、环境、教育等多重因素，且多重因素相互交织、相互作用、相互叠加，形成了一个极其复杂的认知系统。家长的焦虑，一半来自自身对孩子的认知系统和生命环境缺乏科学的了解与把控，另一半来自自身对孩子的学业水平不切实际的期待。本书所开处方，正是从这两个根本症结入手，为家长提供切实的菜单式指导建议，如《这样用脑，科学又健康》《让家里的书房成为很好的培训班》《温柔的告诫和严厉的惩罚，哪个更管用》等文章，旨在引导家长正确了解、科学把控孩子的认知系统和生命环境；又如《"我只是一个学习不好的孩子，不是一个坏孩子。"》《原来最先放弃孩子的是家长》等文章，既是打开孩子心门、找到认知症结的一把把钥匙，又是引领家长回归理性预判、遵循孩子生命成长规律的一级级台阶。

其次，本书的写作方式与其他家教读物有所不同，其定位于家庭教育的问题解析与对策辅导，具有极强的操作性、应用性和迁移性。本书的写作运思，不追求宏大的理论叙事，不在意严密的学术论证，而是用平实的语言、简洁的阐释、精准的建议，让家长获得有效的行动指导，并因此产生一种较强的执行力。诚如作者所言："教育类的热门书籍似乎都很畅销，因为家长们都在寻求教育的良方，却不知道教育的良方一直在他们身边，而他们根本不屑于去运用。"家长如果在家庭教育的问题上一直处于一种不自觉的惰性与惯性状态中，那么，在读到诸如《这样用脑，科学又健康》《孩子只是看上去很努力》《让坚持成为习惯而不是枷锁》等文章时，会有一种醍醐灌顶、如梦初醒的感慨，更会有一种立马行动、坚持到底的决心。书中所提的家庭教育问题，也许正使家长处于焦虑、苦恼又一筹莫展、束手无措的尴尬窘境。作者所提出的应对思路和操作策略，竟然清晰、便捷得让家长不敢置信，又令家长有一种相见恨晚的感慨。在这个信息碎片化的时代，本书基于问题导向、行动破局的写作定位，避免了各种烦琐的概念界定、体系建构，以及理论上的过度诠释，有助于广大渴盼提高家庭教育水平却又身心疲惫的家长们。

最后，本书的作者身份与经历也显得与众不同，且颇有说服力。作者既不是家庭教育理论纯粹的研究者，又不是专职的家庭教育指导师，也不是一般意义上的普通中小学教师。作者集三种身份的优势于一体，又规避了三种身份各自的弊端。第一，作者是普通中小学的优秀教师，长期致力于班主任工作的实践与研究，深受学生喜爱，家长欢迎。所以，在家庭教育的问题上，作者常常能做到换位思考和共情体验，既能从教师的角度审视家校沟通的存在问题和应对策略，又能从家长的角度反省家校沟通应该规避的各种典型失误。第二，作者自己也是孩子的母亲，正在经历和体验同年龄段家长遇到的一些家庭教育问题。这种置身其中又抽离其外的立场，使作者对家庭教育多了一些同情的理解、理解的同情，也因此，作者所提出的家庭教育建议有着极为重要的作用。第三，作者一直从事心理咨询和健康教育的工作，尤其是在家庭、学校、社会三方结合的心理教育方面，有着诸多独特的见解和成果。这三重身份足以让作者避免一般教师或家长在家庭教育问题上所持的经验主义立场，而能让作者从一个相对专业的角度发现家庭教育问题，剖析症结实质，并从学理深处提出解决家庭教育问题的对策。我们在阅读作者所提出的诸多家庭教育建议时，都能切实感受到背后的学理支撑。

总之，正如《家庭教育促进法》第十八条所指出的这样："未成年人的父母或者其他监护人应当树立正确的家庭教育理念，自觉学习家庭教育知识，在孕期和未成年人进入婴幼儿照护服务机构、幼儿园、中小学校等重要时段进行有针对性的学习，掌握科学的家庭教育方法，提高家庭教育的能力。"唯有不断地持续学习，家长们才能真正掌握为己育子、为国育才的本领，才能切实降低和消除由此带来的各种焦虑和压力，在成就孩子幸福人生的同时，也成全自己的美好人生。除了学习，我们别无他途。

王崧舟

2021 年 12 月

目录

第一章

陪孩子做作业，家长可以更轻松

陪孩子做作业成了不少家长的心病。网络上有很多关于家长陪孩子做作业的段子，在搞笑的同时也透露出家长的无奈。陪孩子做作业的差事能把职场精英瞬间变成暴躁易怒的家长。有的家长觉得每天陪孩子做作业是一件非常折磨人的事情。其实，家长只要转换思维角度，再加上科学的方法，陪孩子做作业就没有那么难了。

家长该怎样陪孩子写作业

当孩子有了作业以后，家长就要开始陪孩子写作业了。如果你的孩子比较自觉，那么你只需要稍微关注一下孩子的作业；如果你的孩子比较不省心，那么你就会体会到陪孩子做作业的种种心酸。有的孩子坐在书桌前，东摸摸，西看看，就是不做作业。一看到这种情况，一些家长心中的火苗就瞬间燃起，开始捂着胸口碎碎念，还夹杂着狂风暴雨，在温柔和狂野之间不停切换，直到筋疲力尽。面对这种情况，我是怎样做的呢？

步骤一：让孩子树立完成作业的使命感

家长要想办法让孩子树立完成作业的使命感。我所说的"完成作业的使命感"是指认真地、有计划地完成作业，而不是简单地做作业，没有具体的计划。

在孩子回到家以后，家长该如何与孩子讨论做作业的问题呢？

家长可以这样问："来，亲爱的宝贝，在做作业之前，我有几个问题想跟你确认一下。你今天有哪些作业？这些作业分别需要多长时间才能完成呢？……"

家长这样问能让孩子知道自己当天有多少作业，大概会用多长时间。家长这样问也能让孩子有被尊重的感觉，会让孩子觉得写作业的节奏是由他自己掌控的。这种掌控感能够增强孩子独立完成作业的自信心。

可以让孩子给自己计时。比如孩子大概需要 30 分钟做完数学作业，在做之前，先让孩子设定一个 30 分钟倒计时，然后在这段时间内让孩子专心地做数学作业。完成数学作业之后，孩子可以适当休息一下。休息的时间也是需要孩子自己把控的。孩子如果每次都休息一二十分钟的话，即使做作业的速度再快，也守不住时间的红线。

🔊 步骤二：为孩子合理规划时间

家长要为孩子合理规划时间。比如，家长要求孩子在 90 分钟的时间内做完语文卷子。等到 90 分钟的时间一到，家长却发现孩子只做了一点点儿，会不会很崩溃？孩子做作业的时间本来就非常有限，还被浪费掉，一些家长肯定会因此崩溃。家长与其呵斥孩子，不如选择一个好方法，那就是规划好孩子做作业的时间。家长可以每 10 分钟给孩子安排一个小任务，10 分钟之后，看看孩子有没有完成规定的任务。如果孩子浪费了这 10 分钟，家长就可以跟孩子讨论一下为什么会浪费这 10 分钟。是因为设定的 10 分钟时间太长，还是因为孩子压根儿就不想完成任务？如果是因为 10 分钟对孩子来说时间太长，那么家长就可以把任务时间缩短到 5 分钟。如果是因为孩子压根儿就不想做这项作业，家长就要评估一下这项作业的难度，看孩子是否需要帮助。如果孩子还没有必须完成作业的意识，家长就可以跟孩子好好聊一聊。

🔊 步骤三：了解孩子的真实情况

陪孩子做作业是一项非常重要的教育技能，需要家长反复练习和摸索。一些陪孩子做作业的家长看上去很努力，其实是在做无用功，每天唠唠叨叨，把自己折腾得很崩溃，却没有达到教育孩子的目的，更想不出什么有效的办法。

家长如果想有效地督促孩子学习，就应该全身心地陪伴孩子，观察孩子的真实情况。在没有家长督促的情况下，孩子还能专心做作业吗？孩子喜欢先做哪门课的作业呢？孩子在做哪门课的作业时感觉有些困难？

🔊 温馨提示：允许孩子适当休息

在陪孩子做作业的过程中，一些家长即使发现孩子疲倦了，也要求孩子完成作业。这些家长的理由是孩子应该完成老师布置的作业。我认为，家长此时应该让孩子休息一下，因为此时孩子的大脑已经非常疲倦了，做作业的效率已经明显下降了。家长要让孩子拥有一定的休息时间，让孩子有喘息的机会，这样才能让孩子更高效地完成作业。

　　如果孩子在做作业的过程中频繁地上厕所，家长千万别这样吼孩子："为什么你总是上厕所？你现在抓紧坐好，不准去！"家长可以换种说法："你是不是累了？你还需要半个多小时才能写完这些作业。你需要休息多长时间呢？"商量好休息的时间以后，家长和孩子都休息一会儿，然后再让孩子做作业。这样做可以让孩子做作业的效率更高，让孩子的心情更好。家长千万不要让孩子在疲惫的状态下继续做作业，否则孩子做作业的效率很低，家长和孩子都很累。

辅导作业心很累，可以直接告诉孩子答案吗

但凡辅导过孩子作业的家长，大多有过情绪崩溃的经历。有的家长特别想对孩子怒吼："你怎么这么笨啊！无论我怎么教，你都学不会！"

辅导孩子写作文更是让一些家长发愁，家长先花半小时和孩子讨论写什么，再花半小时和孩子讨论怎么写，最后孩子花一小时写，结果只写了一小段文字……

可以直接告诉孩子答案吗

当孩子遇到不会做的题目时，家长该怎么办呢？我的建议是直接告诉孩子答案。有的家长一定会惊呼："怎么可以直接告诉孩子答案呢？！"

有的家长辅导孩子写作业的心态是这样的："我一定要等着孩子自己悟出来，我要看着孩子通过自己的努力做出这道题目，这样孩子才算真的学会了。"

于是，一些家长坚持不给孩子讲解题目，非要等孩子自己想出题目的答案。孩子只好努力地想啊，想啊，可就是想不出答案。结果，有的家长就火了："你怎么连这么简单的题目都做不出来呢？你太笨了！你连这么简单的题目都不会做，怎么应付考试呢？！"

有的家长就开始怒吼、咆哮：

"究竟该怎么做这道题呢？"

"你想想啊，再想想！你怎么会想不出来呢？"

"你有没有在上课时认真听讲啊？你怎么连这么简单的题目都做不出来呢！"

"你再仔细看看！到底该怎么做？快点儿！"

面对家长这样的咆哮，孩子能做什么呢？其实孩子什么都做不了，因为孩子根本不会做这道题，没有任何解题思路。有的家长以为自己咆哮一下，孩子就会做了。一些家长的咆哮会让孩子产生恐惧感……

🔊 直接告诉孩子答案并不是让孩子抄作业

一位著名的语文特级教师曾经说过："在课堂上，如果学生们针对某个问题怎么也讨论不出正确答案，老师就不要再用各种方法引导了，直接告诉学生们答案也是一种教学方法。"

同理，在辅导孩子做作业的过程中，如果孩子遇到一道不会做的题目，没有任何解题思路，这时家长就可以直接告诉孩子答案，并让孩子重做一遍。如果孩子的作文写得不好，家长就可以给孩子详细地讲解一遍作文的思路，并让孩子按照家长的建议试着写一写，再看看孩子需要在哪些方面改进。

虽然直接告诉孩子答案不一定能让孩子进步飞快，但这至少比胡乱咆哮的效果好。如果家长靠吼就能让孩子开窍，那么学校的老师只需要练成一个本领——河东狮吼就可以了。

当然，直接告诉孩子答案和让孩子抄作业是两码事。让孩子抄作业，只是让孩子把文字机械地抄下来。告诉孩子答案则是先给孩子演示一遍正确的做法，然后让孩子再做一遍，在这个过程中，孩子需要思考。

其实，我们所掌握的知识并不都是自己想出来的，大部分的知识是别人告诉我们的。换一个角度想，家长直接告诉孩子答案未尝不是一种高效、快乐的辅导方式。

"孩子，你需要帮助吗？"

有的孩子在家写作业的时候磨磨蹭蹭，总是不愿意写。家长连教孩子多遍，孩子都没听懂，这时家长就会特别生气，生气的是：为什么孩子不努力，为什么孩子不聪明？……

有的家长一生气就吼孩子，吼完孩子之后，感觉孩子专心做作业了，不再东看看、西看看了，也不再嬉皮笑脸了，就以为吼孩子挺有用。

其实，家长吼孩子，不能解决孩子的根本问题。经常被家长吼的孩子，有可能变得战战兢兢，生怕自己哪里又做错了，也有可能变得无所谓，因为他认为，不管自己怎么做，都会被家长吼。一般来说，经常吼孩子的家长，往往是管教不好孩子的，因为这些家长的眼里没有孩子，也没有孩子眼中的世界。

🔊 给孩子展示自己不足的机会

我发现，有些孩子并不愿意向他人展示自己不会做的题目，总是小心翼翼地隐藏自己的不足。家长应该给孩子展示自己不足的机会，鼓励孩子主动地向他人寻求帮助，一起解决问题。

🔊 要帮助孩子，不要训斥孩子

有的孩子之所以磨蹭很久，迟迟写不完作业，很多时候是因为作业有难度或者作业量大。有一篇作文要写，但孩子不知道如何下笔；有一张卷子要做，但孩子有一道题做不出来；有些作业看上去没有难度，但抄写量很大，孩子写起来会比较累。

家长如果陪在孩子身边写作业，就不要总是大声地吼孩子。如果家长经常吼孩子，孩子就会感到非常紧张。家长可以跟孩子一起分析一下作业的难度，并给孩子提供帮助，确保孩子攻克作业的难关。

　　家长可以这样问孩子："你需要我讲讲这道题吗？还有需要我的地方吗？……"家长要让孩子明白，不会做题不要紧，可以慢慢地学。

　　上高中时，我特别喜欢一位地理老师，她有一个很好的习惯：当请同学站起来回答问题时，她允许同学反问，并且一定会不紧不慢地回答问题。

　　有的孩子问："妈妈，你刚才的问题是什么？"一些妈妈会忍不住训斥孩子："你刚才在干什么？！"家长的训斥有时对孩子没有效。这个时候，妈妈一定要先控制住火气，平静地把问题重复一遍，同时冷静地告诉孩子"妈妈只重复一遍，请你认真听"，然后督促孩子尽快地完成作业。

📢 让孩子愿意寻求帮助

　　如果家长能够站在孩子的角度冷静地看问题，孩子就能被激发出来主动性，愿意去完成一些比较难的学习任务。

　　有的家长会在孩子做作业时大吼大叫，这其实是因为家长不自觉地把孩子的学习任务转嫁到了自己身上。有的孩子觉得自己专心做作业的目的是为了避免受到家长的惩罚，而不是为了让自己学到知识和获得成就感。

　　每当孩子遇到不会做的题目时，家长应该耐心地询问孩子遇到了哪些困难，需要什么样的帮助，而不是冲着孩子吼："我已经讲了多少遍，你为什么还不会？！在我讲题的时候，你有没有认真听啊？！"如果家长一直这样无节制地吼孩子，那么孩子的身心就很容易受到伤害。

　　人在遇到困难的时候，都希望有人施以援手，都希望有人问一句"我可以帮你做什么？"。孩子在遇到困难的时候会主动向家长寻求帮助吗？这个问题值得家长深思。

孩子做作业拖拉磨蹭，对症下药很关键

一些家长说："老师并没有布置很多作业，但是孩子每天都磨蹭到晚上 10 点以后才做完作业。如果以后作业多起来，孩子该怎么办呢？"

于是，有的家长就变成了唠叨、催促孩子的机器：

"你快点儿啊！"

"快点儿啊！"

"都几点了，你怎么还不抓紧？！"

有的家长恨不得在孩子身上装一个加速器。一些孩子并不喜欢听家长说"快点儿"。为什么孩子做作业的速度这么慢呢？我们来认真分析一下原因。家长需要先了解一下孩子在学校和在家做作业的速度，一般分为以下两种情况：

🔊 第一种情况：在学校和在家做作业的速度都很慢

如果孩子在学校和在家做作业的速度都很慢，还比其他孩子做作业的速度慢，在考试时经常答不完题，那么有可能是因为以下两点原因：

1. 孩子的学习能力弱，没掌握好知识点

如果孩子做作业慢是因为学习能力弱，没有掌握好知识点，家长就要帮助孩子查漏补缺，对孩子进行针对性的辅导。家长如果对辅导孩子不在行，就可以将孩子的错题抄在错题本上，然后让孩子去请教老师。

有的孩子学习能力比较弱，或者题目的难度已经远远地超出了孩子的能力范围，比较明智的做法是让孩子放弃这类难度比较大的题目，从而节省出大量的时间。家长客观地评估孩子的能力水平，不仅有助于孩子的身心健康，还能提升家庭的幸福感。

2. 孩子有注意缺陷障碍

有的家长容易忽视孩子的注意缺陷障碍，他们认为，孩子之所以分神，是因

为孩子的学习态度不端正；孩子之所以不专心，是因为孩子没有意识到学习的重要性。一些有注意缺陷障碍的孩子往往会受到家长的打骂。

家长的打骂能让孩子在短期内提高做作业的速度，但会增加孩子的精神压力。

如果孩子有注意缺陷障碍，家长最好带孩子去专业医院就诊，尽早让孩子接受专业训练。

🔊 第二种情况：在学校做作业的速度很快，在家做作业的速度很慢

如果孩子属于第二种情况，家长就需要检查一下家中是不是有容易让孩子分神的东西，比如一直打开的电视机、随处散落的玩具、随意大声说话的家人等。

总之，家长要为孩子提供一个安静的学习环境。如果家里连一张可以安静学习的书桌都没有，那么孩子就很难快速地做完作业。

有的家长还会给孩子布置额外的作业。如果孩子完成了学校布置的作业，有的家长就会给孩子布置一些课外作业，总之不允许孩子有玩耍的时间。久而久之，有的孩子在摸清了家长的套路以后，便开始磨蹭，因为他会这样想："反正做得快也没什么好处，还不如慢慢做作业。"在这种情况下，家长就需要反思自己的行为，因为额外的作业并没有提高孩子的学习成绩，反而让孩子养成了做作业拖拉的坏习惯。当然，这并不意味着家长一点儿都不能给孩子布置课外作业，是完全可以布置的，但不是因为孩子做作业快才额外布置课外作业，而是因为孩子对某个学科的知识点掌握得不牢固才额外布置课外作业。

如果孩子的阅读能力弱，家长就可以让孩子每周做一张阅读理解卷子。家长可以和孩子事先商量好，让孩子自己决定哪一天做这张阅读理解卷子。如果孩子拥有一定的自主权，孩子做作业的状态就可能会有所改善。

只有仔细分析孩子的行为，家长才会发现行为背后的原因。家长只有对症下药，才能取得较好的教育效果。

正确催促孩子完成暑假作业的方式

暑假是一个特殊的假期，假期时间相对比较长。有的家长在催促孩子做暑假作业时，甚至会引起比较大的家庭风波。我曾经看过这样的新闻：面对不愿意做暑假作业的孩子，妈妈实在没有办法，竟然报警了。在警察叔叔的教导下，孩子才答应好好做暑假作业。对于这样的孩子，家长在不求助警察的情况下，该如何催孩子写暑假作业呢？什么样的催促方法才对孩子有效呢？

首先，我们来分析一下什么样的孩子才会拖欠暑假作业。

📢 容易拖欠暑假作业的孩子类型

第一种类型：平时就习惯拖欠作业

平时就习惯拖欠作业的孩子，拖欠暑假作业也不是什么奇怪的事情。到了暑假，家长就应该每天关注孩子的作业完成情况。有的家长等到孩子快开学时，才开始督促孩子完成暑假作业，这是不明智的做法。

第二种类型：时间管理混乱

时间管理混乱的孩子并非不喜欢做作业，平时也没有拖欠作业的习惯，在面对这么多的自由时间时，往往安排不好自己的时间。这类孩子需要家长为其规划好时间。

第三种类型：学习能力弱

学习能力弱的孩子并非不想做作业，也不一定存在时间管理混乱的问题，有可能是因为他觉得暑假作业的难度太高。家长需要给这类孩子提供适当的帮助。

📢 如何催促孩子完成暑假作业

很多家长白天上班，晚上下班以后才能管教孩子。在暑假里，一些孩子过着放养的生活，因为在白天，他由管不住自己的老人照看。作为负责任的家长，不能对孩子不管不顾。

有的家长下班回到家以后，发现孩子什么暑假作业都没做，再看看日期，心想：反正暑假很长，时间还早，就让孩子玩几天吧。如果家长选择这种策略，那么到暑假结束时，孩子一般不会完成暑假作业。到那时，有的家长只会朝孩子发泄情绪，无法解决问题。

家长需要认真地检查一下孩子的暑假作业，不要有这样的想法："我小时候从来不需要家长催作业。""我同事的孩子多乖啊！"这些想法只会让家长更难受，并不能让家长积极地解决问题。

然后，家长可以心平气和地告诉孩子："我很失望，你竟然还有这么多作业没完成。"家长的打骂对孩子无用，让孩子产生紧迫感和内疚感才可能有用。

接着，家长和孩子一起规划好时间，最好做一个计划表，确定好每天应该完成的作业。

如果家长每天下班以后都按时检查孩子的暑假作业，孩子一般就能完成暑假作业。如果孩子直到暑假快结束，还没开始写作业，或者只写了一点点儿，那么家长就不要幻想孩子能立刻脱胎换骨。要想改变孩子，家长需要持之以恒地督促孩子，这考验的是家长的恒心和毅力。

为了防止孩子开学前狂补作业，家长可以这样做

孩子能否及时完成假期作业是很多家长关心的问题。有的孩子总是在假期快结束时才匆忙开始做作业，这样不仅耽误开学前的各项准备工作，还容易养成拖延的毛病。

我以前对我家孩子的假期作业关注不够，以至于有一次，直到假期最后一天才发现孩子忘记做科学作业了。于是我下定决心，决不会再让孩子出现忘记写作业的情况。说到这里，有的家长会提出这样的质疑："写作业难道不是孩子自己的事情吗？为什么家长要去插手呢？"对于这样的问题，我要认真地回答一下。

首先，如今孩子的作业多种多样，并不像以前的作业那样简单。实践类作业、观察类作业，虽然看起来难度不大，但需要孩子合理统筹安排，完成起来并不容易。

其次，一些孩子容易拖延。其实一些成人也容易拖延，比如领导布置了一项任务，需要在两周内完成，有的人会拖到最后两三天才开始做。成人尚且如此，何况孩子呢？如果孩子的统筹安排能力特别强，也许他就能按时完成作业。如果孩子总是在开学前狂补作业，那么家长应该怎么做呢？

🔊 与孩子一起做规划

家长可以将各科老师布置的作业，整理汇总在一张表格中。接着，家长先跟孩子确定完成各项作业的截止日期，然后将时间倒推，看看孩子每天需要做多少作业。

如果家长任由孩子自己去规划时间，那么有的孩子可能会产生很强的挫败感。家长需要记住一点：只是给孩子帮忙，不是完全替代孩子。

因为我家孩子的统筹规划能力弱，所以我就跟他一起商量该怎么安排写作业的时间。在七月上旬，孩子每天都有半天的围棋课，这就意味着孩子每天只有半天的时间去做暑假作业。于是，我就相应地减少了孩子每天需要完成的作业量。

同时，每周留出一天休息日，不给孩子安排任何作业。也许有的家长会问："为什么要有这个休息日呢？"我认为这个休息日很重要，因为孩子能用这个休息日处理作业之外的事情。

🔊 每日打卡

当然，家长要选择好督促孩子的方式。对于我那个没啥规划能力的孩子来说，如果仅仅是口头上的提醒还不足以督促孩子完成任务，于是我就在家里挂了一块小黑板，上面写满了孩子需要在本周完成的事情。孩子每做完一件事情，就在其上面打一个"√"。这样做既能提醒孩子，又能让孩子获得一些成就感。家长只有让孩子获得成就感，孩子才愿意坚持下去。

对于一些做事情磨磨蹭蹭的孩子来说，有时家长的催促并不管用，原本计划得好好的，结果不了了之——孩子依然会在假期结束前疯狂补作业。此时，家长需要放平心态，不能一味地斥责孩子。

为孩子做好假期计划

一说到制订计划这个话题，我就被戳到了痛处。每当放假时，小时候的我总是充满了雄心壮志，就想好好利用假期充实一下自己。我可以把这个训练做完，把那个内容搞懂，把那几本书看完……于是，我兴致勃勃地给自己制订了各种计划。假期的起床时间要和上学时的起床时间保持一致，我要在八点之前吃完早饭，吃完早饭以后先读一小时英语，然后做一小时数学作业，再开始做语文作业……总之，这就是我理想的假期生活。于是我满怀期待地开始实施假期计划。

然而，我的假期计划一般会在假期的第一天上午就宣告失败，因为我没有在早上八点之前起床。于是，读一小时英语、做一小时数学作业的任务都没有完成。对于后面的一些计划，我也无力完成了。

我的假期计划就如多米诺骨牌一样，势必倒塌，最后只能在假期结束前疯狂地补作业。这就是现实，多么令人沮丧。

我们该如何完成自己的假期计划呢？从失败的泥潭里爬出来的我总结了一些实用的经验。

📢 合理规划假期任务

有的孩子假期任务太多了，要补习功课，要预习新课，还要参加各种艺术考级，还要阅读课外书，等等。如果我们往假期这个大口袋里塞太多东西，这个大口袋就容易裂开。因此，我们要合理规划假期任务，避免假期计划崩盘的情况。

📢 不能执行的完美计划，不如不要

可能很多人没有好好想过制订假期计划的目的是什么。

有人说，制订计划的目的是为了让自己更自律。有人说，制订计划的目的是为了让自己收获更多。有人说，制订计划的目的是为了让自己不那么懒。我说："制订计划的目的是为了让自己更好地执行计划，而不是把计划变成紧箍咒。"

如果你的计划让你觉得不自在，那么你执行计划失败的可能性就比较大。如果你的计划能让你更好地去执行，那么你执行计划成功的可能性就大。比如你在假期计划早上7点起床，因为早睡早起身体好。可是，你明明知道自己一般在假期的早上9点之后才起床。那么你的这个早起计划完全就是一只拦路虎，让你心生怨念。在假期第一天的早上，你就可能会面临不能执行假期计划的窘境。

你制订的计划一定要让自己容易执行，而不是让自己感到别扭。如果你把计划想象成一个人，你是喜欢在后面催促你的人，还是喜欢默默支持你的人呢？我想大多数人会喜欢默默支持自己的人。

有的家长会提出反对意见："你这不是在纵容孩子吗？我制订计划的目的就是想让孩子在假期早点儿起床，养成良好的作息规律。你倒好，纵容孩子睡懒觉。"

我在这里解释一下：如果你让一个长期早上9点以后起床的孩子在早上7点之前就起床，那么他一定会非常不乐意，也一定会把这个假期计划视作仇敌。孩子如果有这样的心态，就很难执行制订的假期计划。

🔊 循序渐进地执行完美的假期计划

那么，对于那些完美的假期计划，我们有实现的可能性吗？当然有。我可以很肯定地告诉你，如果你从现在开始训练，完全有可能完成自己的假期计划。当然，这是一个循序渐进的过程。说到这里，你是不是该和孩子一起修改一下假期计划呢？执行假期计划的过程就是考验孩子和家长的过程。家长和孩子都要有坚持不懈的精神。

🔊 把事情归好类是做计划的前提

我们首先要明确的是，谈规划、谈时间管理，不应该只从时间的角度出发，还应该从事件的角度出发。我们留不住时间。你一觉醒来，就已经是早上九点了，那么从早上八点到九点之间的这段时间不会再有了。如果在早上八点到九点之间，你安排了一项任务，那么你岂不是没有时间去做这项任务了。所以，家长要让孩子养成良好的规划能力，要让孩子从认识任务的轻重缓急出发。可以将任务的轻重缓急程度分为以下四个层次，如表所示：

重要且紧急	重要不紧急
不重要但紧急	不重要也不紧急

对于一件事情，如果家长觉得重要，而孩子觉得没有那么重要，这时候家长就要和孩子一起讨论这个问题。我希望家长尊重孩子的感受。

🔊 要和孩子一起讨论

家长要和孩子一起讨论什么时候该做什么事情。一些家长总希望孩子在暑假的时候早点起床，吃早饭，早读，然而他们忽视的是：在假期的时候，大多数孩子喜欢睡一会儿懒觉。有的孩子适合在早上读书，有的孩子喜欢在晚上学习，有的孩子喜欢在早上跑步，有的孩子喜欢夜跑。每个人的生物节律是不同的。家长凭什么替孩子安排学习的时间呢？

接下来就是把一件件事情放在合适的时间段里。可以为小一点的孩子制作一个可爱的时间轴或者时钟，把那些代表各种任务的动物贴上去。每当孩子完成一项任务的时候，家长就拿一个动物贴纸奖励孩子。这样，孩子就会获得满满的成就感。当然，这一招的好处还有：当计划被变化打破的时候，家长就不会那么被动，可以让孩子把时间轴上的小动物贴纸拿下来，放在更合适的地方，教会孩子调整计划，让孩子变得更加灵活。

在上高中的时候，我会先把自己当天晚自习需要搞定的作业任务写在纸上，但不会写具体完成的时间，否则我会有很强的紧迫感。我喜欢先做一些简单的作业，然后再去完成一些比较难的作业。

规划能力发展得好的孩子，自己就能做出很高效的自我管理计划。不过大多数的孩子还需要成人的指导。

第二章

科学的学习方法，必能事半功倍

在陪伴孩子学习的时候，一些家长把更多的精力放在了挑选课外班、挑选教辅书籍上。在教育孩子的时候，一些家长把更多的精力放在了怒吼、讲道理上。一些家长小心翼翼地同孩子的老师打交道，希望孩子在学业方面有所提升。但大部分家长很少研究科学的学习方法。读完本章，作为家长的你会收获一些科学的学习方法，让孩子学得更轻松。

这样用脑，科学又健康

大脑是用来学习、思考的。我们都知道大脑越用越聪明。但很少有人知道如何科学用脑。我们需要让孩子们知道一些科学用脑的日常小知识。所以，我给大家编写了有关科学用脑的小建议。

🔊 忌吃太多甜食

吃太多甜食不仅会引起蛀牙，降低食欲，还会危害大脑健康，这是为什么呢？

因为吃太多甜食，会降低食欲，降低蛋白质的摄入量，而蛋白质能为大脑提供丰富的营养。如果你的孩子非常喜欢吃甜食，你就需要好好地帮孩子调整一下饮食习惯。

一些孩子看到甜食后简直是两眼放光，挡也挡不住。完全禁止孩子吃甜食是不可能的。既然不能全面禁止孩子吃甜食，家长就为孩子限定好食用甜食的量。可以吃几块巧克力，可以吃多少糖，可以在什么时候吃甜食，等等，家长都需要跟孩子商量好。

🔊 忌疲劳用脑

我真的觉得现在的孩子太辛苦了，压力太大了。孩子们每天在学校上课，放学回家后还要做好几个小时的作业，再加上各种兴趣培训班，真的很辛苦。

研究表明，长期疲劳用脑，学习的效果会大打折扣，记忆力也会变差。家长给孩子报太多的兴趣班，让孩子做太多的作业，真的是得不偿失。用长远的利益去换取一时的效果，是不是有些不明智？

我恳请家长们，让孩子们歇歇吧，不要总是见不得孩子们闲着。孩子们在闲着的时候，大脑就可以休息一下。

🔊 忌带病坚持学习

在我小的时候，我的老师会用这样的话表扬某个学生："虽然某某同学昨天生病发烧了，但是他依然坚持做完了作业。"

现在的我是一名老师，我如果知道我的学生即使发高烧也依然坚持学习，就一定会这样对他说："孩子，爱护一下你的大脑吧。如果你再学习下去，大脑就要爆炸了。"

如果你的孩子生病了，你就让他好好休息，让他吃好喝好，别再要求他坚持学习了，等病好了再学习也不晚。

🔊 忌紧张、焦虑

如果大脑过于紧张，学习的过程就变得很艰辛。在陪孩子学习的过程中，有的家长发现，越是训斥孩子，孩子错的题越多，因为此时孩子的大脑已经在抗拒学习了，无法正常思考。孩子在被家长吼的时候，会体验到高度的紧张感，学习的效果会很差。

🔊 多运动

如果孩子长期坚持运动，大脑的血液供应量就会多，氧气供应充足。不知道你有没有这种体验：你在绞尽脑汁思考一个问题的时候，常常需要抬头深呼吸，因为你的大脑在高速运转，需要消耗更多的氧气。

如果你的孩子正处在紧张的复习阶段，你不妨每天抽出一些时间，陪孩子跑跑步、打打球等。

🔊 营养丰盛的早餐

在上学的路上，看到啃着面包的学生，我总会问一句："这是你的早餐吗？"学生点点头。

有时，我的学生也会跟我说："老师，今天早上我妈来不及做早饭了，就给了我几块饼干当早饭……"

有些家长会忽视孩子的早餐。我们都知道早餐要吃好，因为早餐吃得有营养，身体才会好；早餐吃得有营养，大脑才会好。孩子的早餐要有富含蛋白质的食物，比如鸡蛋、瘦肉等。家长要多花点儿心思在孩子的早餐上。

睡眠

现在，孩子们的睡眠时间太少了。充足的睡眠不仅能让孩子长得高，身体健康，还有助于孩子高效率的学习。在我们睡觉的时候，我们的大脑并非处在单纯的关机状态，而是依然活跃。长期缺乏睡眠的人记忆力会衰退。请家长认真思考一下：是否需要牺牲孩子的睡眠时间，让孩子熬夜学习呢？如果孩子有充足的睡眠时间，大脑会更容易记住所学的知识。

总之，孩子需要好好爱护自己的大脑。毕竟，孩子的学习、生活全靠大脑指挥。

为备战期末考试而放弃运动，是不明智的做法

一些孩子为了备战期末考试而放弃体育运动。这是因为一些家长认为体育运动会分散孩子们的注意力，浪费孩子们宝贵的学习时间。而我认为：为了备战期末考试而放弃运动，这是不明智的做法。

运动的作用是什么呢？运动不仅让孩子的身体更健康，长得更高，还会让孩子变得更聪明。运动有助于提高孩子的记忆力、思维力、注意力等等。

🔊 运动有助于身体健康

适量运动有助于孩子的睡眠，让孩子睡得更好。运动能够调整孩子的生物钟，帮助身体找到合适的睡眠时间。运动会消耗孩子过剩的能量，让大脑变得疲劳，继而让孩子更容易入睡。如果孩子在晚上睡得好，那么他的身体会更健康，精力会更充沛，学习的效率会更高。适量的运动可以使孩子肌肉的力量更强，让孩子变得更强壮，提高免疫力。

🔊 运动有助于心理健康

运动有助于减少心理问题的发生率。孩子在感到不开心的时候，出去运动一会儿，就能很好地释放压力，心情会明显好转。我在上高中的时候，心理压力非常大，无法安心写作业，甚至有时会厌学。后来，为了调整心态，我每天都去跑一会儿步。出一身汗后，我就感觉好多了。

要为孩子制订合适的运动量。家长不用要求孩子去跑马拉松。合适的运动量就能显著提升孩子的认知能力。家长千万不要因为期末复习而剥夺孩子的运动时间。

期末复习，这样做更轻松

每当临近期末考试的时候，孩子们着急，家长们心急，颇有一种全家一起战斗的架势。

无论家长怎么教孩子，有的孩子就是不会。无论家长怎么骂孩子，有的孩子就是不听。无论家长怎么哄孩子，有的孩子就是不同意。一些家长的身体累，心更累。同时，孩子也承受着莫大的煎熬。家长该怎么办呢?

🔊 不停止日常娱乐

虽然期末复习的时间很紧张，但是家长一定不能让孩子停止日常娱乐，只能适当地减少日常娱乐的时间。

其实我们都希望过充满新鲜感的日子。如果生活中只有学习，一些孩子会觉得迷茫，看不到希望。有的家长会不断地跟孩子强调："等期末考试一结束，我就让你玩个够。"但是这个过程对有的孩子来说太漫长，因为他看不到希望，他看到的只是目前枯燥的生活，时间久了，厌恶学习的情绪就慢慢地产生了。

家长可以告诉孩子："虽然你要开始期末复习了，但是你依然有娱乐的时间，你可以去打打球，玩玩具，看会儿闲书……"让孩子注意劳逸结合，孩子复习的效果会更好。

家长千万不要对孩子说："你再不认真复习，我就不让你去玩。"家长可以换一种说法："你再认真一点儿，完成复习后，我带你去玩。"

🔊 不必追求面面俱到

在进行期末复习时，不必让孩子追求面面俱到。可以先让孩子梳理本学期所学知识，找到知识上的漏洞，明确复习的重点，查漏补缺。

如果你的孩子知识漏洞比较多，即使他废寝忘食，也补不了所有漏洞，那么作为家长的你要放平心态，否则会累坏自己和孩子。

当然，知识的漏洞需要补，但是要视情况而定，家长要注意方式、方法，可以这样对孩子说："妈妈知道你有很多不会的知识点，我们可以从最简单的知识点入手。你有没有信心啊？我们可以一起努力。"

虽然最后的结果可能不是十分完美，但复习的过程是愉悦的。

📢 注重复习的过程

大多数孩子进行期末复习的目的是为了提高考试成绩。家长陪孩子进行期末复习的目的应该是：让孩子注重复习的过程，看到孩子在复习的过程中所取得的进步。

家长要让孩子明白自己在复习的过程中解决了哪些问题，有哪些收获。家长可以让孩子知道：在期末复习的过程中，制订合理的计划有助于提高复习效率；有些事情看起来很难，一旦人们克服畏难情绪认真去做时，其实也没有那么难。

鸡飞狗跳的日子会破坏我们日常生活的幸福。换个角度看问题，会收获更多的东西。

被鄙视的记忆

一些人认为，没有必要让孩子记忆那么多知识。在互联网时代，我们只要上网搜索一下，什么知识都有。如果老师在教学上重视背诵，就会被一些人批判："你懂不懂思维啊？你懂不懂高阶思维啊？你懂不懂新时代的教学方法啊？在互联网时代，老师要教孩子们学会分析，学会思辨，学会评价，学会创造。像记忆这种没什么技术含量的活儿，怎么可以占用孩子们宝贵的时间呢？"

🔊 记忆真的没有用吗

如果老师想让孩子们记住一些知识，一些人就会批判老师不懂教学，并要求老师学习其他国家的教学方式，不能要求孩子们记住多少知识，只要求孩子们在课堂上谈论自己的感想，发表自己的评论。在考试时，老师只需要考察孩子的思维水平，答案言之有理即可。

如果我们固执地认为记忆没有用，那么最终我们可能会发现，辛苦培养的高阶思维实际上只是一座空中楼阁。

如果我们把思维的结果比喻成一栋房子，把孩子们的学习过程比喻成建房子的过程，那么砖是什么？砖就是孩子们记忆的知识。思维决定了砖块的搭建方式。如果孩子的手里没有砖，那么孩子搭建的只能是海市蜃楼。如果你的孩子没有积累大量的知识，那么他根本谈不上理解，更不要说分析、评价和创新了。比如，考试题目要求你比较李白和杜甫两位诗人。你怎样才能在不了解这两位诗人的生平、不背诵这两位诗人的作品的情况下，做出正确的比较呢？

🔊 记忆是思维的原料

一些人习惯性地将记忆等同于死记硬背。其实，人类的学习在很大程度上依赖记忆。你如果什么都记不住，就不足以完成日常生活中的各种思维活动。

一些人认为下棋考验的是思维，其实下棋更考验的是记忆。一个好的棋手，一定在脑海中存了很多盘棋局。顶级棋手之间的较量，往往是记忆能力的较量。

那么，记住那么多的知识有什么用吗？记忆的知识可以作为思维的原材料。一个人思维的原材料越多，思维的结果就越精彩。当你跟别人讨论问题时，如果你的大脑能够调用出很多相关知识，那么你的发言就会很精彩，也会很有说服力。

你对某一方面的知识了解得越多，理解、记忆这方面知识的能力就越强。如果你让我去分析各个球队的表现，那么我一定会一脸茫然，因为我缺乏这方面的知识，根本无法分析思考。唯一的解决办法就是多看球赛，多记住一些精彩的比赛过程和结果。

我说了这么多，其实就是想告诉大家，千万不要排斥记忆，也不要简单地认为记忆没有用。记忆是托起整个思维列车的底盘，如果底盘不稳，那么思维的列车随时会停滞不前。

如何快速地背诵课文

背课文，估计是大部分人上学时的噩梦。有的人背到口干舌燥也背不出完整的内容。现在，背诵的任务对孩子来说真的是不轻。有的妈妈说，一首小小的古诗，孩子背了好几个小时都记不住。

当然，记忆能力是有个体差异的，有些孩子的记忆力就是厉害，记得快，而有些孩子就是记得慢。如果你要问我有没有好的记忆方法，那么我的回答是有的。

🔊 切分背诵

背诵课文首先考验的是孩子的专注力水平。如果一个孩子的专注力水平低，那么背诵的难度就相当大。

如果你有一个专注力差的孩子，那么你可以让你的孩子试试切分背诵的方法。把需要背诵的内容切分成几个小部分，这是比较明智的做法。长篇背诵对于专注力差的孩子来说是很难的。有的孩子在背诵的时候就像小和尚念经，一遍又一遍，直到念睡着了都没能背诵下来。

🔊 及时复习

当然，有的孩子在前一天晚上已经会背了，可到了第二天早上就全忘了。对于这样的娃，家长该怎么办呢？

德国心理学家艾宾浩斯，将自己当作实验对象，记忆一些没有意义的音节，算出不同时间间隔记忆的保存量。艾宾浩斯根据实验的结果绘制了保持曲线。从这条保持曲线中，我们得出了一个学习的规律，那就是及时复习。

对于当天背诵的内容，孩子需要在第二天重背几遍，这样记忆的效果好。

一般来说，对于同一个内容，第一天背出来，第二天及时巩固，反复巩固多次以后，记忆力再差的孩子都能牢牢记住。

很多家长之所以觉得辅导孩子背诵很累，抱怨孩子背过了又忘，是因为没有坚持督促孩子复习。家长要时不时地提醒孩子复习一下背过的内容，这样就能解决孩子背诵的难题。

🔊 巧用背诵方法

面对篇幅较长的背诵内容，孩子可以选用切分背诵法。如果你发现需要背诵的文字材料的逻辑关系严谨清晰，那么你就可以引导孩子用关键词的方法把这则文字材料概括起来，先让孩子看着关键词背诵，然后再脱离关键词背诵。

对于需要背诵的古诗或古文，如果孩子理解困难，家长就先让孩子感受韵律；如果孩子的理解能力强，家长就可以让孩子先理解意思，再去背诵。因为有意义的识记比无意义的机械记忆要简单得多。

🔊 选择合适的时间

孩子在哪个时间点背诵，效果会更好呢？很多人认为早上起床后背诵效果好，因为人在睡醒以后精力充沛。然而，遗忘的影响因素不是时长，而是干扰。这是什么意思呢？简单说就是：你背诵完一则材料之后，并不是间隔的时间越长，遗忘得越多，而是你在背诵和回忆之间被干扰得越多，就会遗忘得越多。比如，你背完一首古诗之后就去睡觉了和你背完一首古诗就去做其他题目了，过了一个小时再回忆的效果是不一样的。睡觉醒来之后的回忆效果要远远好于做其他题目之后的回忆效果。因此，人们在记忆保持的阶段，要避免其他因素的干扰。

如果孩子当天有背诵的任务，那么家长就可以把这个背诵任务安排到最后，让孩子背过之后立刻睡觉，在第二天早上，让孩子再回忆几遍，这样背诵的效果是非常好的。背诵这项能力是可以锻炼的。孩子背得越多，他的记忆力就会越好。平时家长要有意识地锻炼孩子的记忆能力。家长懂得一些记忆的方法和规律，科学安排孩子背诵，就能让背诵变得简单一点儿。

为什么会做了还要练

有的家长说，如今学习都讲究效率，只要孩子理解了就可以了，会做了就好了，能听写全对就可以了，会计算就差不多了。甚至有的家长会对孩子说："你是不是会做了？会做了就可以了，你就不用再练了。"

的确，有的时候，孩子会做了就够了，但很多时候，孩子会做了还不够。

有的家长发现，当孩子只做一道题目时，他能做对，但是一到考试，遇到相似的题目，他就会做错，事后拿到卷子，他一看就知道自己错在哪里。这时候有的家长往往会对孩子说："这都是你会做的题，你就是因为太粗心了。""粗心"这个词语就是这样被滥用的。其实这种情况不是因为孩子粗心，而是因为孩子练习不足。

练习不足会给孩子带来什么后果呢？当题量多起来的时候，有的孩子根本做不完，因为他不够熟练，在不熟练的情况下做一道题，需要占用更多的注意资源，而注意资源又是有限的，在缺乏注意资源的时候，就会犯各种错误。

难道要让孩子搞题海战术拼命练习吗？当然不是。

🔊 除了"会"，"熟练掌握"很重要

首先，我承认题海战术是有一定作用的。而在时间投入和学习效率方面，题海战术是不划算的。

有没有更好的办法呢？那就是过度学习（心理学上的概念）。打个比方，如果你练习两遍就学会了某个方法，那么你应该再多练一遍，提高熟练程度，但并不是多多益善，因为你练十遍的效果可能跟你练三遍的效果没有本质差别，多余的七遍纯属浪费时间。

当你的孩子好不容易背诵过关的时候，请你再让他多背几遍，以便巩固记忆的效果。这样，孩子记忆的效果好，占用的注意资源少，很少出错。

孩子们真的很辛苦。如果家长们再让孩子们拼命做题，那么孩子们学习的热情就可能减退了。家长可以让孩子适度多练习。如果你的孩子总是在不该错的地方出错，你就要考虑孩子的练习强度是否足够。如果你的孩子练习强度不够，你就可以适当地让孩子多练习几遍。

很多孩子的考试成绩之所以不理想，不是因为能力不足，而是因为练习的强度远远不够。如果语文或者英语阅读材料的篇幅长，一些孩子就做不完题或者正确率直线下降，大多是因为孩子们平时的阅读量不够，读的文章不够多。记住一个单词和熟练掌握一个单词是两码事。孩子只有熟练掌握了一个单词，才能在有限的考试时间内飞快调用这个单词。因此，家长要让孩子熟练掌握每个知识点。

会做难题，却考不到高分，怎么办

有的孩子，平时做题很厉害，正确率高，速度快，但是却很少在考试中拿高分。有的老师或家长百思不得其解："不应该啊！这个孩子的理解力很强，在平时，即使是非常难的题目，他也能做对。为什么他一考试就不行呢？"

🔊 专注力不持久

有的人会说："明明都是孩子会做的题目，他怎么会做错呢？这个孩子的实力不止如此，他完全可以考得更好。"

然后有的家长就拼命地鼓励孩子："你不是不会做，你那么聪明，你一定能考好的！"而孩子也会很委屈地说："我明明都会做，为什么在考试的时候拿不到高分呢？"

仔细分析原因之后，我发现：有的孩子平时的状态和考试时的状态是没有差别的，考试成绩不好的原因不是心理因素，而是孩子的专注力不持久。换句话说，这个孩子可以在短时间内集中精力解决一道题目，却不能在长时间内集中精力解决多道题目。对此我深有体会。有一次我去考雅思，雅思的英语听力考试时间为三十分钟，一共四篇听力材料。你认为考试难度大吗？其实只听一篇听力材料，我的正确率是很高的。当我连续听四篇听力材料时，我的错误率就提高了。当阅读篇幅较长的文章时，一些孩子就会栽跟头，大多是因为专注力不持久。

🔊 提高应试能力

我认为应试能力包括阅读理解能力、专注力等。

一些孩子之所以考不出好成绩，要么是因为缺乏阅读理解能力，要么是因为缺乏专注力。因此，我们要提高这些孩子的应试能力。

孩子只是看上去很努力

在生活中，一些孩子看似在努力学习，但是收效甚微。我们不忍心批评这类孩子，然后就默默地认为：这是一个很努力的乖孩子，可能他的水平就是如此吧，他再努力也学不好。事实真的是如此吗？

🔊 不要成为学习上的"低效勤奋者"

一些看似努力学习的孩子往往会有一本本记得密密麻麻、五颜六色的笔记本，这些笔记本表示他们在课堂上认真记录。看到自己的孩子努力学习直至深夜，有的父母会很心疼："我的孩子已经这么努力啦，我就不能再逼他了！"一些孩子用这个看上去很努力的样子来麻痹自己，忽悠别人。

我曾经为了应付一场难度系数特别高的考试，在凌晨四点起床看书，可是我困得连眼睛都睁不开，能有什么复习效果呢？我在凌晨四点起床看书纯粹是图一个心理安慰，暗示自己真的花时间了，就算考不好也不能再责备自己了。其实我比任何人都清楚，我对自己不够狠。我如果对自己够狠的话，就应该做一道一道的真题……然而，我选择花大量的时间去做无用功。我即使做一百遍无用功，也终究是无用功。我就是一个"低效勤奋者"。

🔊 做无用功的表现

家长如果怀疑自己的孩子在学习上做无用功，假装努力学习，就可以看看他是否有以下三种表现：

1. 埋头看书，一问三不知

面对假装努力学习的孩子，家长或许会因为他异常用功而不忍责备。假装努力学习的孩子会埋头看书，不出去玩，不玩手机，不看电视，简直是世人眼中的好孩子。但问题是，当家长问孩子看了哪些内容时，结果孩子一问三不知。

2. 记得密密麻麻的笔记

假装努力学习的孩子基本上都会认真记笔记，记得密密麻麻，都是老师上课讲的内容。如果你让这类孩子做摘抄的工作，他一定不会马虎，但抄完以后，他连自己抄的是啥都不知道。

3. 答案写满整本练习册

假装努力学习的孩子一定不会轻易拒绝家长布置的额外作业。这类孩子会认真地做完一本练习册，然后交给家长。家长如果仔细检查这本练习册，一定会发现孩子的错误率太高了。

🔊 用"狠"来破除无用功

一个人假装努力学习，其实就是因为他对自己不够狠。一个人如果对自己够狠，愿意动脑，自然就会提高学习成绩。

拿我自己背单词的事做个例子。我已经毕业很多年了，忘记了很多英语单词。当我打开记单词的软件时，我整个人是蒙的，连一些看上去很眼熟的单词，我都不认识……最开始，我选择的策略是花大量的时间背诵。我在使用那款背单词软件时，选择了再认模式。在几个单词里面选一个单词再认，我觉得自己的正确率还是很高的。这个背单词软件让我觉得自己记住了很多单词。其实，我心里很清楚：我没有记住很多单词。

终于我狠下心来，重新设定了背单词的模式，那就是拼写。这就意味着我不仅要认识这个单词，还要把这个单词写出来。这样一来，我就真的掌握了这个单词。我如果不对自己狠一点儿，就绝对不会在短时间内记住这么多的单词。

🔊 有效学习讲究方式

我的一个大学老师说，每天晚上躺在床上的时候，他就开始回忆当天老师讲了哪些内容，用这种方式及时地复习并巩固了知识。我不知道你有没有这样做过。如果你经常这样做，那你一定是一个非常了不起的人。如果你的孩子经常这样做，那么他将来一定是一个了不起的学习者。一个人运用有效、深层次的信息加工方式复习所学的知识，想遗忘都难。

再说说做笔记。一些人根本不懂怎么做笔记，边听老师讲课，边忙着用各种颜色的笔记笔记。一节课结束后，有些人收获的只是密密麻麻的几张纸而已。

实际上，笔记好看不好看不重要，掌握笔记里面的内容才是重要的。我们除了记住老师讲的要点之外，还要有自己的思考。不然，记笔记就变成了抄写笔记。谁不会抄写笔记啊！

跟过去的经验建立联系也是一种有效的学习方式。我们要学会将今天学到的新知识跟以往的旧知识建立联系，并能产生新的心得体会。当孩子在家里看完书的时候，家长可以问他几个问题：学到了什么知识、什么原理？跟以往的知识有什么联系？有什么新的收获和启示？……如果家长经常这样问孩子，那么久而久之，孩子会不自觉地严格要求自己，那种假装看书、心不在焉的情况便一去不复返。

我们一定不要让孩子成为那个看上去很努力却浪费时间的人。做"低效勤奋者"害的终究是自己。孩子不应该把时间浪费在对着书本发呆、做无用功上，而应该对自己狠一点儿，用更好的学习方式完成学习任务。

让坚持成为习惯而不是枷锁

有的人口口声声地喊着减肥，结果就运动了三天便放弃了；有的人信誓旦旦地说要坚持阅读，结果就坚持阅读了三天便放弃了；有的人下定决心要坚持练笔，结果就写了两篇文章后便没下文了。

如果一个人能数十年如一日地坚持做一件事，那他一定是一个了不起的人。你如果能把一件小事儿坚持做下去，就会有意想不到的收获。

目标和愿景是坚持的驱动力吗

你希望孩子能每天坚持锻炼，但是过一段时间以后，如果你不催孩子，他就像忘记了锻炼这件事儿。你希望孩子能每天坚持阅读，但是过一段时间以后，如果你不提醒孩子，他就会忘记阅读。

"坚持"这种品质，太宝贵，也太难得。

有人认为，一个人之所以不能坚持做一件事，是因为这个人没有目标和愿景。那么，目标和愿景是坚持的驱动力吗？

强大的目标和美好的愿景能在某种程度上激励人们勇往直前，但现实往往是目标会随着时间的流逝而被自己内心的疑虑所动摇，愿景往往会随着时间的流逝而逐渐失去色彩，坚持就会像缺少发动机的汽车，寸步难行。一些人实现了短期目标以后，就丧失了前进的动力。高考结束以后，有的孩子就开始放纵，沉迷网络，不思进取，因为他们已经实现了短期目标，还没有找到新的奋斗目标。

活在当下并享受当下

容我充满诗意地说一句："活在当下并享受当下。"别急着否定我说的话。如果你想坚持完成一件事情，正确的做法是享受坚持的感觉，而不是拼命地想坚持下来之后会怎样。从心理学的角度来讲，目标很难立即强化当前的行为，我们却可以享受当下的感觉。你可以在跑步的时候，多关注大口呼吸的畅快和流汗的痛快；你可以在阅读的时候，少关注阅读的收获，多感受自己与作者对话的乐趣；你可以在写文章时，多感受释放的快乐。

你如果不断鼓励自己要坚持、要努力，就有可能会失败。

当我将写文章变成了一种纯粹享受过程的行为，并不过多计较到底有多少人看时，我成功了。当然，看得人越多，我的成就感就越强。我如果计较每天有多少人看、多少人关注，可能早就坚持不下去了。

不管是家长还是孩子，都要让坚持成为一种习惯，慢慢感受坚持做事的过程，感受过程给自己带来的一切，苦也好，乐也罢，要学会乐在其中，让坚持成为一种水到渠成的自然。

家长想给孩子换座位

如果你要问我："作为班主任，让你比较头疼的事情是什么？"我的答案是给孩子换座位。经常会有家长对我说："老师，能不能给我家孩子换个座位？旁边的那个同学经常跟我家孩子讲话，导致我家孩子不能在上课时专心听讲。"

"老师，我们家孩子长得不高，上课不专心听讲，如果再坐在最后一排座位的话，恐怕学习成绩会越来越差。能不能给我们家孩子往前调调座位？"

很多资历尚浅的班主任往往不好推却，于是开始在教室里面调整座位，无奈，乖乖的"绝缘体宝宝"总是不够多。看看这个学生："嗯，吵，不行。"看看那个学生："嗯，易受影响，不行。"……

不就排个座位嘛，怎么就这么难呢？

网上有很多关于教室座位的段子，座位的区域也被分为"学霸区、度假区、左右护法区、阳光 SPA 区"等等。归根到底，这都是现阶段的秧田式座位排列方式下衍生出来的问题。

🔊 学霸盛产区在哪里

如果你问我："这个座位是不是真的需要调整？哪个区域盛产学霸呢？"我只能告诉你："学霸真的跟座位没多大关系。"真正的学霸即使坐在最后一排也能"出淤泥而不染"。而"学渣"中的"战斗渣"，大多数位于"左右护法"的位置，因为他们真的太吵，太容易影响他人，老师们真的恨不得把这些孩子绑在自己身上。

老师在使用秧田式座位排列方式时，可以先参考学生们的身高，再考虑一下学生们的个性，为全班学生创造健康、和谐的学习环境。至于家长想要给孩子找一个学习成绩好的同桌，以便让孩子提高学习成绩，这只能是家长的一厢情愿。

如果你有一个不省心的孩子，那么你只需要确保他周围没有同样不省心的孩子，完全没有必要让他被学霸包围。之所以不让你的孩子被学霸包围，首先是因为你的孩子会感受到压力，其次是因为有时候学霸疯玩起来会让你的孩子怀疑人生。学霸玩得那么疯，为什么学习成绩还那么好呢？……

如果你的孩子是一个很乖的孩子，家长也完全没必要让自己的孩子远离那些吵闹的孩子。一些家长觉得自己家孩子挺乖的，老师却给他找了一个很吵闹的同桌，这不是影响自己家孩子吗？作为一个小时候常年跟"学渣"坐在一起的过来人，我很认真地告诉你，能够用心读书的孩子即使坐在菜市场也能够静下心来。并且"学渣"是成人定义的。在孩子们的眼里，每个小伙伴都有优点。见识过不同个性的孩子，我们的孩子会更有包容心，更能适应这个由不同类型的人组成的社会。

换座位不如多陪伴

我认为家长大可不必把心思花在孩子的座位上。先不说家长给孩子换座位到底有没有用，就说换座位这件事情会让老师有多为难。家长还不如多花点儿时间与精力陪孩子聊天，陪孩子读书，陪孩子出游，寻找孩子学习效率不高的原因，引导孩子找到适合的学习方法。

学霸不问出处，习惯培养才是王道。拥有良好学习习惯的孩子坐哪儿都能成为学霸。

第三章

家里的书房是很好的培训班

"双减"之后，课外培训机构少了很多。但是一些家长还是不甘心就此"躺平"，他们希望孩子多刷题，多参加辅导班。我认为，温馨和睦的家庭，一个充满学习氛围的书房，胜过众多培训班。家长是孩子的第一任老师。良好的家庭氛围和科学的育儿观念能够影响孩子的一生。

让家里的书房成为很好的培训班

2021 年，教育界的大震动莫过于"双减"政策的落地。一些习惯了给孩子报各类培训班的家长不知道如何安排孩子的课外时间。怎么安排孩子的双休日呢？孩子会不会因为双休日没有补习安排而无所事事呢？网络游戏会不会因此乘虚而入呢？会不会产生更多的亲子矛盾呢？

🔊 学会如何学习比学习知识本身更重要

我见过"双减"之前双休日被课外辅导班完全困住的孩子。而且，这样的孩子还不在少数。"双减"之后，这些孩子的课外时间一下子多起来，如何安排这些课外时间，就是摆在家长和孩子面前的一个大问题。

我认为这是一个契机，一个培养孩子自主管理能力的好时机。一个被动赶场子的孩子不知道如何合理安排自己的时间。

不要总想着为孩子寻找一对一的辅导老师，因为一对一的辅导容易让孩子产生抵触情绪。我建议家长趁着这次机会，跟孩子好好探讨一下学习时间的安排。

学会如何学习比学习知识本身更重要。"双减"政策落地的初衷是真正减轻孩子们的学业负担。家长们要做的是为孩子们营造一个轻松学习的大环境。家长与其担心孩子在没有参加课外培训班的情况下学习成绩会落后，不如与孩子一起摸索好的学习方法，让孩子学会反思，让孩子主动发现自己在学习上存在的问题。

🔊 "减负"不是减家长的责任

家长可以从以下三个方面入手：

1. 与孩子一起读书，培养孩子的阅读习惯

家长们要仔细地给孩子们挑选课外书，最好和孩子们一起阅读，享受难得的

亲子阅读时光，这样做既培养了孩子们的阅读能力，又增强了亲子关系。

2. 和孩子一起整理错题

家长为孩子准备几本纠错本，并和孩子一起整理错题，要求孩子用正确的方法做一遍。家长如果也不会做某道题，就可以让孩子带着纠错本去请教老师，让孩子在反思中获得成长。孩子反复咀嚼学习过的知识，有助于提高学习成绩。

3. 给孩子营造一个良好的家庭环境

教育绝不止步于课本。一个全家人看书的家庭和一个全家人围着电视看泡沫剧的家庭养出来的孩子有不同的习惯。一个只会躺着刷剧的家长和一个会带孩子去博物馆、去亲近大自然的家长养出来的孩子有不同的兴趣爱好。"减负"以后，孩子会有更多属于自己的时间。孩子如果没有更好的时间安排，大概率会沉迷于电子产品。"双减"是为了减轻孩子过重的学业负担，而不是减轻家长的责任。

在"双减"政策之下，让你家的书房成为很好的培训班吧。

让孩子早点认清现实不好吗

"双减"政策落地以后，家长们大致有两种观点。一种观点是家长应该想尽一切办法让孩子在学习上继续努力不放松。虽然学科类培训班已经退出了历史的舞台，但是孩子们不应该跟学习说再见，该补的课还是要补，该考的试一场都不能少。另一种观点是大多数孩子早就应该"躺平"，因为高考、中考的录取率那么低，早点认清现实，早点放弃，也不失为一件好事儿。

🔊 孩子不够出色，就需要早点认清现实吗

事实真的是这样吗？人们常说，早点认清现实是一件好事，但我觉得这话得分情况。对于孩子来说，早点认清自己的资质不如别人，就有很大可能过不了中考、高考的关卡，这未必是一件好事。

诚然，当前的现实是大多数的孩子将来考不上大学，难道这部分孩子就真的应该早点放弃吗？我们用什么标准来判断这个孩子能否考上大学呢？是用智商，还是用小学阶段的考试成绩呢？考试成绩只能反映出孩子现阶段的学业水平，并不能完全反映出孩子的智商。

一个智商不错的孩子会因为外界教育不当而错失上大学的好机会，而一个智商平平的孩子，可以通过自己的努力考进理想的大学。大多数的时候，我们都还没有达到需要拼智商的程度。平时我们需要完成的大多数任务，一般水平的智商就差不多够用了。任务能否完成大多取决于我们是否足够努力，而不取决于我们是否足够聪明。

上大学就是人生成功的标志吗？很多父母会给出肯定答案，但我会给出否定答案。

如何考量一个孩子的资质呢？大多数人会用孩子的智商来考量，很少人会考量这个孩子的人际交往能力、心态调节能力、观察能力等。如果你认为一个资质

不好的孩子就应该早点认清现实，承认自己是一个失败者，赶紧去"躺平"，那么你就真的害了这个孩子。其实"双减"政策的初衷不是希望孩子们"躺平"，而是希望孩子们不要有过重的学业负担，该学的还得学，只是不要再当做题的机器。

让孩子充满信心

我认为，在小学阶段，所有的孩子都应该自信满满，觉得自己是可以学好的，觉得自己是可以通过努力获得成功的。毕竟，学校还是非常重视对孩子们的学业评价。我们不能让一个年幼的孩子从小就认为自己是一个没用的失败者，不能让他觉得自己生来就是比别人差的，不能让他对未来失去希望。

过早地对孩子们分层是非常不科学的做法。诚然，分层教学的方式取得了一些成绩上的突破，集中在一起学习的优等生可以相互促进。但是，分层教学容易让一些学生自暴自弃。过早地对孩子们分层会让一些孩子丧失自信。

我们真的没有必要在孩子很小的时候就告诉他："你不够聪明，你的资质不行，你学不过别人。"哪怕我们真的知道孩子在学习上没有任何天赋，没有任何潜质，也应该告诉孩子："加油学，我会帮助你。"老师们更应该鼓励那些学习成绩落后的孩子，让那些学习成绩落后的孩子充满自信。

等到孩子的人格初步健全时，我们再让他知道自己与别人之间的差距，再让他去发挥自己的优势。要让孩子学会客观地看待自己的学业成绩不如别人的现实，要让孩子学会利用自己的优势发展自己。

想让孩子在假期弯道超车，家长准备好了吗

每当假期来临，一些家长就为孩子准备好了满满当当的假期安排表，想让孩子在假期实现弯道超车。

🔊 弯道超车不等于"疲劳驾驶"

弯道超车不等于一直不停地开车。如果把孩子比作一辆车子，你不能一直让车子在高速公路上飞驰吧，因为车子需要加油和保养。孩子在什么时候休整自己呢？我认为合适的时机是假期。孩子要学会利用假期自我休整。

如果孩子在上学期间睡眠不足，那么家长有必要保证孩子在假期的睡眠时间；如果孩子在上学期间没有户外活动的时间，那么家长有必要在假期带着孩子游山玩水。休息、户外活动等都能达到让孩子在假期休整自己的目的。

🔊 想要弯道超车，看准方向很关键

家长可以利用孩子的假期做一些想做却没时间做的事情，比如纠正孩子的学习习惯，为孩子寻找好的学习方法，等等。家长可以利用假期让孩子训练和提高一项技能，可以让孩子练习画画、弹琴等。

如果你的孩子某个学科比较弱，平时在课堂上学的东西就够他消化了，再想要提升就比较难了，那么假期就是一个比较好的查漏补缺的时机。你可以帮助孩子理一理该学科的知识脉络，帮助孩子寻找合适的学习方法。

家长想让孩子弯道超车，不能盲目地掏腰包上各种假期培训班，要帮孩子找准努力的方向。

想要孩子实现弯道超车，家长需要好心态

　　假期是实现弯道超车比较好的时机。如果你的孩子跟别人家的孩子比"超车"的话，那么你或许会体验到很强的挫败感。因为其他的孩子也在努力弯道超车。

　　家长一定要放平心态。学习如逆水行舟，不进则退。家长的关注点要放在自己的孩子身上，不要觉得自己的孩子不如别人，要看到自己孩子的进步，同时要给自己的孩子正面的反馈，让自己的孩子对学习充满信心。

和孩子一起过一个相安无事的假期

往往是假期才开始两天，一些家长就已经崩溃了，既要给孩子做饭、洗衣服，又要给孩子端茶倒水，陪孩子做作业，送孩子去上各种培训班，真的是累到怀疑人生。

那么，家长该怎样做才能和孩子一起过一个相安无事的假期呢?

🔊 让孩子在假期变得快乐一些

请不要把你的孩子逼得太紧，该玩的时候就让他玩一玩。亲子之间的矛盾之一就是孩子对玩的渴望和家长对孩子学习的严格要求。

家长不妨为孩子在假期制订一些游玩的计划，比如每天一起玩一个亲子游戏，每周去户外游玩一次，等等，给孩子一些盼头。

某天晚上我跟孩子一起玩了好玩的卡牌游戏，那一刻，家里充满了欢声笑语，亲子关系空前和谐。要想亲子关系和谐，家庭氛围温馨和睦，家长要陪孩子一起玩一玩，发现孩子可爱的一面，留下一些美好的回忆。家长在被孩子气得不行的时候，想想这些美好的瞬间，可能气就消了。

🔊 降低预期，减少假期学习容量

家长一定要清楚地认识到，大部分的孩子不能把自己的假期生活安排得井井有条。家长需要降低预期，合理安排孩子的假期学习任务。

有的家长在早上出门前给孩子布置了一天的学习任务，结果晚上回到家后发现孩子什么作业都没做。此时，家长不要太生气，可以取消孩子的零食或者亲子游戏之类的，让孩子自己承担后果。家长不要不停地叨叨或生气，要学会用规则去约束孩子。当然，家长还需要记住的是：吼孩子的教育效果并不好。搞不定孩子的时候，家长要想一想：是不是制定的规则不合理？是不是需要跟孩子一起商量制定规则？

必要的时候，请适当唠叨

唐僧的碎碎念有时候真的会起作用，请不要介意自己成为一个爱唠叨的家长。孩子嘴里的那个爱唠叨的家长，何尝不是孩子对家长的一种爱的称呼呢？

当孩子做不好或者做得不到位的时候，家长不要暴怒，不要咆哮，可以心平气和地向孩子说出自己的要求。

家长可以试着做一个甩手掌柜，让孩子去搞定一些事情，培养一下孩子的责任心。当然，对于一些事情，孩子难免会做不到位。此时，家长要降低期望值，相信孩子会越做越好。

让孩子对新学期充满期待

在假期快结束时，你家的孩子会不会整天哀叹假期余额不足呢？一些孩子在希望延长假期的同时，又对新学期充满期待。

🔊 为孩子购置新物品，让开学变得更美好

为了迎接新学期，家长可以带着孩子一起去文具店，让孩子自己选购喜欢的文具等。如果孩子不需要每天穿校服，家长就可以给孩子购买一套新衣服。利用这些新物品告诉孩子："你要用全新的面貌去迎接新学期。"

🔊 帮孩子树立自信心

"你们班主任说他一直很喜欢你。你们班的同学也都爱跟你玩……"这些话有助于孩子获得好的入学体验，让孩子觉得学校不只是学习的地方。孩子在哪一方面表现得特别棒，就可以成为家长与孩子聊天的话题。家长要了解孩子的想法。

"听你们老师说，你上学期期末考试的作文写得特别好，妈妈相信你在新学期一定能把作文写得更好。"家长要先肯定孩子以往的成绩，夸孩子一直很棒，然后对孩子提出明确的期许，让孩子树立自信心。

"快开学了，你有需要爸妈帮助的地方吗？"家长可以询问孩子还有哪些假期作业没做完，帮助孩子合理安排时间。

🔊 有些话，千万不要说

"你还没做完暑假作业，看老师怎么收拾你！"
家长习惯用这样的语言来恐吓孩子，目的是为了让孩子快点做完作业。其实

这些话只会增加孩子对学校的厌恶、对老师的恐惧。

"你上学期的考试成绩这么差，这学期再不努力就完了。"

糟糕，这简直就是在告诉孩子："你不行，你很差。"这些话容易让孩子彻底失去学习的兴趣。新学期还未开始，家长就给孩子戴上了厚厚的枷锁。孩子哪里还会对新学期充满美好的期待呢？

"你一定要在新学期听老师的话。"

听妈妈的话，听老师的话，似乎是乖孩子的标准。其实家长不应该让孩子失去自主意识。孩子应该有自我判断能力，而不是一味地去听谁的话。

"快开学了，你该收收心了，这几天都别玩了，多看点儿书。"

只要还没正式开学，孩子的心就不可能收回来。与其唠叨，不如让孩子再玩一会儿，让孩子精力充沛地迎接新学期。

🔊 制定新目标

家长不妨和孩子一起制定一个新学期的小目标。制定的目标不能不切实际。当孩子还没有较强的阅读能力时，家长就让孩子在本学期结束前看完 30 本课外书，这样的目标就是不切实际的。

目标要小，要切实可行，比如，让孩子在本学期结束前练会 10 首钢琴曲，要将数学成绩提高 5 分。可以用笔把目标内容写在纸上，然后将其放在显眼的位置，比如贴在冰箱上。

站在一个新的起点，孩子会有很多新的期望。请家长和孩子一起努力吧。

手机是怎样毁掉孩子的

曾经有一位妈妈给我打电话说："孩子脾气暴躁，不肯做作业。"在我不断地询问之下，我发现祸根就是这位妈妈将充话费送的手机给孩子使用了。其实很多家长将孩子使用手机的问题想得太简单了：

"孩子大了，身边的同学都有手机了，给他一个手机，应该不会出问题。"

"孩子这么大了，应该有克制能力了，我相信他能控制好自己，给他买一个手机吧。"

"孩子跟我要过很多次手机了，再说他这次考的成绩这么好，就奖励他一个手机吧，不然会打击他学习的积极性。"

于是，家长就给孩子配备了手机。孩子就有了对手机的支配权。随后，一些家长发现，孩子在拥有了手机之后就判若两人：以前愿意帮助家长干家务、分担一些责任的孩子，现在动不动就嫌家长啰唆，动不动就觉得很烦躁；以前从来不用家长操心作业的孩子，现在将作业做得一塌糊涂，学习成绩一落千丈，课堂表现更是一团糟……

毫不夸张地说，手机会危害未成年人的身心健康。

🔊 网络游戏

一些小学生打网络游戏的技术水平完全不输成年人。网络游戏的内容之刺激，虚拟场景之逼真，让一些未成年人获得了满足感。如果家长不提醒孩子，有的孩子就会打完一关又一关，根本就停不下来手中的游戏。

一些网络游戏讲究团队合作。在现实生活中，一些孩子看起来没有集体荣誉感，没有担当，但是他们在网络游戏战队里，充满了责任感，坚决不下线撤退。

如果孩子的大脑得到了足够多的兴奋刺激，孩子就很容易脾气暴躁。一些家长发现，跟一个玩网络游戏成瘾的孩子说话，就像对着一个火药筒一般。

🔊 社交软件

调查研究发现，社交软件已经被众多未成年人使用。一些自控能力差的孩子在社交软件上花费了太多时间，甚至受到了社交软件不良信息的影响。这都是因为未成年人的心智发育处于不太成熟的阶段。孩子沉迷于社交软件，会影响正常的生活作息，危害身体健康。

🔊 网络小说

大部分的网络小说没有文学经典有营养。一部作品之所以成为名著，肯定是因为它经得起广大读者推敲。一些孩子把时间花在某些粗劣的网络小说上。青少年应该阅读各种文学经典，以此来滋养灵魂，而不该用网络小说来满足自己对"玛丽苏"情结的向往。

不可否认，手机给我们带来了巨大的便利，但是手机也危害了一些青少年的身心健康。家长与其担心没手机的孩子会跟这个时代脱节，不如担心孩子是否沉迷于手机。

如果你的孩子还没有一部属于自己的手机，那么恭喜你，你目前还不用担心孩子沉迷于手机的问题。如果你的孩子已经有了一部属于自己的手机，那么你就要想各种办法不让孩子沉迷于手机。

如何避免孩子玩手机成瘾

手机是一种客观存在，它的存在本身并没有好坏之分。孩子之所以玩手机成瘾，是因为不合理地使用了手机。在没有办法避免孩子接触手机时，家长们该怎么做呢？

🔊 接受手机的存在

不要企图给孩子制造一个跟手机完全绝缘的环境。教育的最终目的是让孩子融入社会，而不是远离社会。孩子需要融入同龄人中。电脑、手机、不良的社会风气等，都是个人成长道路上的风景。家长需要敞开胸怀跟孩子谈自己的想法，并认真地听取孩子的意见。

当孩子再三要求家长给他一部手机时，家长不要急着答应或拒绝孩子的请求，也不要对孩子说"只要你考到多少分以上，我就给你买一部手机"之类的话。请家长先问问孩子："你为什么那么急切地想要手机呢？你想用手机做什么呢？"

孩子可能会说："其他同学都有手机了，我希望能跟他们用手机交流。"或者"我想用手机查资料。""我想用手机听音乐。"家长需要认真倾听孩子说话，不要急着否定孩子。

然后家长和孩子谈谈自己的想法。家长可以说出自己的担心，比如说："我很理解你想要一部手机的想法。我小时候也很想要一块手表，因为其他同学都有。我之所以没给你买手机，是因为我担心你会像其他孩子一样沉迷于手机。如果你因为沉迷于手机而荒废了学业，我会非常内疚。"

🔊 与孩子谈论手机的用途

接下来，家长可以跟孩子谈论一下解决手机问题的方法。其实一些家长纠结的不是这个手机该不该买，而是这个手机能够给孩子带来什么，该如何约束孩子使用手机。

有的家长在跟孩子讨论某个问题的时候往往会因为想得不周到或者情绪激动而谈崩。为了避免这一问题，家长可以就某个问题彩排一次，把孩子所有可能的反应都演练一遍。这样家长在跟孩子讨论时会更胸有成竹。

🔊 关注孩子的心理需求

家长在约束孩子使用手机的同时，还需要关注孩子的心理需求，降低手机对孩子的吸引力。为什么孩子会对手机游戏上瘾呢？

首先游戏的设计者们利用了自我及时强化法。游戏通常是需要人们一关一关闯的。每次闯关成功，手机屏幕上就会出现一些新鲜的玩意儿。成功通关以后，游戏玩家会得到一些虚拟的奖品，得到一些权限。总之，一款游戏会让玩家有所期待。然后这世上就有了千千万万个沉迷于手机游戏的孩子和千千万万个因为手机游戏而同孩子做斗争的家长。说了这么多，我就想告诉家长："游戏设计者在不断地用各种方式强化游戏玩家，让他有兴趣玩下去。当家长让孩子学习时，家长有没有像游戏那样及时鼓励或表扬孩子呢？"

其次，在一些游戏里，孩子们之间可以结成联盟，团队作战。有很多学习成绩不太好的孩子，玩游戏的能力却是非常厉害的。一部分孩子在游戏中获得了成就感，得到了他人的尊重。

最后，游戏里面的各种虚拟的场景满足了孩子们的想象。

总之，游戏满足了孩子三方面的需求：及时鼓励、获得尊重、满足想象。因此，家长可以针对孩子手机游戏上瘾的原因，做出以下改变：

1. 及时鼓励

家长要及时鼓励孩子，尽量不用金钱鼓励孩子，可以给孩子准备一些小礼物，比如玩具、书等。只要是孩子想要的东西，都可以作为奖品。奖励的东西要多样化。家长也可以口头表扬孩子："你今天进步很快。我看到了你的努力。你掌握了这个方法，真不错！"

2. 尊重孩子

给足孩子面子。家长要尊重孩子，不要当着别人的面指责孩子，不要说伤孩子自尊心的话，不能说"你真笨！"之类的话。随着年龄的增长，孩子的面子大多是同龄人给的。那么怎么才能让孩子的同龄人给孩子面子呢？有一个很好的方法是家长培养孩子拥有某一方面的特长。

不是所有的孩子都会读书。学习成绩差的孩子并不意味着没有自尊。学习成绩差的孩子可以有自己的特长。有某一方面的特长，就是孩子的资本。哪怕孩子没有特长，家长也要学会引导孩子发现自己的优点，让孩子觉得自己还是很棒的。这样，孩子才不会在手机的世界里寻找在现实生活中失去的自尊。

3. 重视陪伴

家长一定要多陪伴孩子。一些家长因为工作忙，一到双休日时就把孩子关在家里，孩子做完作业以后要么看电视，要么玩电子游戏。家长如果真的对孩子足够负责的话，就该利用双休日陪伴孩子，可以和孩子一起户外攀岩、野外登山等。孩子们在户外玩得不亦乐乎，哪里还有时间和心思去玩电子游戏呢？

努力很贵，可别瞧不起它

老师常常会对孩子说"努力会让你越来越优秀"，很少会对孩子说"你之所以能取得这么好的成绩，是因为你聪明"。有人说，聪明是不可控因素，而努力是可以人为控制的。只要愿意，人人都可以努力。努力是学会更多知识的必要条件。

🔊 聪明扮演的"角色"

有些孩子虽然在小学一、二年级的时候上课走神，偷懒不做作业，但仍能在期末考试时取得好成绩。这是因为小学一、二年级的知识相对简单，知识之间的关联性不强，哪怕孩子在上课时没有仔细听讲，回家以后，家长一讲解，他就明白了。

而随着年级的升高，学习的量和难度都在增加，新授的知识和前面所学知识的关联性增强。此时，那些学习习惯好的孩子就学得非常踏实。而那些没有良好学习习惯的孩子会越来越力不从心。

有的孩子从小就没有努力的意识，他觉得学习是一件非常简单的事情，上课开小差不要紧，作业漏做了也不要紧，如果还有人在他身旁不断地告诉他"你很聪明！"，那就更糟糕了。这些孩子往往会在上小学三四年级开始走下坡路，到了五六年级时学习成绩会下降得更加厉害。如果孩子没有将之前的一些知识学扎实，他的知识体系就是不完整的。而那些踏实努力的孩子，不仅掌握了所学知识，还会运用老师讲的方法去获取更多的知识。养成良好的学习习惯以后，孩子就会越学越轻松。

一些非常聪明却不努力的孩子学习成绩不是很理想。我常常替这些孩子感到可惜，因为他们原本具备良好的学习条件，却不想努力。

聪明本身是非常不错的资源，可惜一些孩子被聪明冲昏了头脑。一些孩子觉得自己可以依靠聪明解决一切问题，不知道努力的意义。

一些自认为聪明的孩子不屑于努力，不懂得努力，甚至鄙视努力，最终只会遭遇失败。

努力比聪明更可贵

一些家长认为聪明的孩子，只要肯学，就能马上提高学习成绩。这个"只要肯学"听上去特别简单，但其实做起来非常难。"肯学"需要孩子具备很多能力，比如注意力、思维力、想象力等。聪明的孩子或许在思维力上更胜一筹，但是注意力不一定持久。

没有一个孩子不想学好，也没有一个孩子明明可以得优秀却偏让自己不合格的。如果一个孩子很聪明，学习成绩却非常糟糕，就说明他已经在某些地方遇到困难了，需要老师和家长的帮助。如果家长让孩子觉得他自己是"聪明"的，并且只要等到时机成熟就能"反败为胜"，那么孩子将深陷"聪明"的泥潭中无法自拔。

有的人认为，生一个聪明伶俐的孩子是一件幸福的事情。而我认为，无论孩子的资质怎样，只要他踏实努力，就会"一分耕耘，一分收获"。

有的人会因为自己的聪明才智拥有很多不错的资源。这个社会是非常公平的。你如果足够努力、足够踏实，就会收获丰硕的果实。

在写这些文字的时候，我脑海中始终浮现着那个在《阿甘正传》中奔跑的阿甘。那个傻乎乎的阿甘凭着一股傻劲儿，跑出了自己的人生。而一些聪明伶俐的孩子因为不屑于如此傻乎乎地奔跑而错失本可以更美好的人生。

家长与其拼学区房，不如教会孩子如何踏实努力。家长可以和孩子一起探讨那些输在起跑线上的人最终是凭借什么成为人生赢家的。毕竟，聪明与出色不能画等号，成功与幸福不是一对双胞胎。

承认自己很努力，这并不丢人

一些学霸的口头禅是："哎呀，我昨晚根本没复习，今天的考试肯定完蛋了！"

然后你也说："是啊，是啊，我昨天一打开书就睡着了！"

结果学霸考出来的成绩远高于你考出来的。因为你是真的睡着了，而学霸在考前的晚上复习到很晚。

对于学霸的话，你如果当真就输了。

不可否认，有些脑子非常灵光的学霸可能真的轻松搞定所学科目，但大多数学霸的傲人成绩是默默努力换来的。学生时代的我们喜欢用以下的话语哄骗身边的人，还常常乐此不疲。

"哎呀，明天的考试真的要完蛋了，我还没好好复习呢！"

"是啊，是啊，我连老师讲的是什么都没听明白！"

事实是，这俩人都在拼命复习。

🔊 为什么你不敢承认自己很努力

为什么你死活不肯承认自己一直很努力呢？因为你觉得丢人啊！承认自己很努力意味着什么呢？意味着自己能力不行，你只能非常努力。如果你对他人说自己还没准备好，结果在考试时发挥超好，这意味着什么呢？意味着你很厉害呀！为了避免告诉别人自己很努力，于是你把自己的努力偷偷藏起来。你这样做真的好吗？这样做会收获别人羡慕的目光，你感觉很好，但同时，你也会收获别人对你的负面评价——虚伪。

我的一位初三班主任给我上了非常生动的一课。她曾在课堂上讲自己在学生时代有多么努力。她的同学也都看到了她的努力用功。不过最后她只考了一个很普通的师范学校。于是，她的同学就问她："你那么努力，怎么只考了一个普通的师范学校啊？"

她很坦然地说：“对啊，我是很努力啊，我觉得我考上师范学校不丢人啊！我如果不那么努力，也许根本就考不上大学呢！”

一番话让她的形象在我心目中瞬间高大起来。我觉得她的三观特别正。“我是很努力，你可以鄙视我努力的成果，但我如果不努力，也许都保不住眼下的成果。”

为什么有的人会以“努力”为耻呢？是因为评价标准。一些孩子错误地认为，只有靠聪明取得成功的人才是厉害的人，靠努力取得成功的人是没有前途的人。

但事实上，大多数的事情都需要我们坚持不懈的努力。天赋固然重要，但努力更加重要。

承认努力的作用是一种智慧

某一次，我遇到一个朋友，随口表扬了她家孩子画画很不错。

我原以为她会跟其他的家长一样说“谢谢。这个孩子就是喜欢画画，纯粹是画着玩的”之类的客套话。但她直接给我来了一句：“画画这种事情，孩子只要肯花时间，都会有收获的。”我佩服于她的教育智慧，因为她肯定的是孩子的努力。

人人都希望自己的孩子在某一方面有天赋，最好是一个神童，但一些人忽视了，就算是神童，也需要努力才能成功。

孩子需要有这样的认知：“我的确很努力，我的收获来自自己拼命的努力。这样的努力让我认识到自己的能力极限。这样的努力让我知道自己能做什么，能做到什么水平。但如果我不承认努力能够带来成功，那么我便不会用尽全力。”从今天开始，家长让孩子学着承认自己在努力吧。因为努力并不丢人。

第四章

关于奖惩的那些事儿

作为家长的你真的会正确地奖励或惩罚孩子吗？面对孩子的步步紧逼，家长还能坚守原则吗？刚奖励完孩子，孩子就犯错了，家长能收回奖品吗？……这些问题困扰着家长们。奖励或惩罚孩子，说起来容易，但实际执行起来困难重重。读完本章内容，家长会在奖惩孩子这件事情上收获很多。

关于奖励和惩罚，家长真的要懂这些事情

在孩子表现好的时候，家长给予孩子一定的奖励；在孩子表现不好的时候，家长给予孩子一定的惩罚。"奖惩"这两个字说起来很简单，但是实际执行起来困难重重。今天我就来聊聊家长该怎样奖励或惩罚孩子。

在做奖惩这项工作之前，家长首先要做的是找到孩子喜欢的东西和不喜欢的东西。家长可以将孩子喜欢的东西作为奖品，将孩子不喜欢的东西作为惩罚的措施。如果孩子喜欢吃糖果，家长就可以用适量的糖果作为奖品。如果孩子不喜欢倒垃圾，那么每当孩子做错事情时，家长就惩罚孩子倒几次垃圾。

对于奖励或惩罚孩子的方式，家长一定要深思熟虑。如果家长在平时严格控制孩子的上网时间，可又在孩子表现好的时候奖励孩子多上一会儿网，那么，这个上网的行为是正确的还是错误的呢？家长一方面觉得孩子上网的时间是需要控制的，另一方面又用延长上网时间的方式奖励孩子。孩子就不知道上网到底是被允许的行为还是不被允许的行为。如果家长正在控制孩子的上网时间，不妨把减少上网的时间作为惩罚的一种方式。当孩子做错事情的时候，家长就减少孩子上网的时间，而不是在孩子做对了某件事情的时候，家长就延长孩子的上网时间。这样一来，不仅家长达到了自己的目的，孩子也明确了自己的目标。

🔊 奖励和惩罚的类型

1.如果孩子做得好，家长就给予孩子喜欢的东西，这样可以强化孩子好的行为。比如孩子今天考试得了满分，妈妈就奖励孩子一个棒棒糖，而这个棒棒糖是孩子喜欢吃的东西，这就促使孩子争取下次再考满分。

2.如果孩子做得好，家长就撤销孩子不喜欢的东西，这样可以强化孩子好的行为。比如孩子今天考试得了满分，那么妈妈就可以让孩子少做几道课外题，而做课外题是孩子不喜欢的事情，这就促使孩子为了少做一些课外题而努力准备考试。

3.如果孩子做得不好，家长就给予孩子不喜欢的东西，这样可以弱化孩子不好的行为。比如孩子今天在学校跟其他孩子打架了，那么家长就可以让孩子打扫卫生一周，并告诉他，这是因为他和其他孩子打架了，他需要学会和他人友好相处。

4.如果孩子做得不好，家长就撤销孩子喜欢的东西，这样可以弱化孩子不好的行为。比如孩子今天在学校跟其他孩子打架了，那么家长就可以减少孩子玩游戏的时间，并告诉他，这是因为他和其他孩子打架了，他需要学会和他人友好相处。

🔊 奖励和惩罚的要点

接下来，家长要明确目标行为。什么是目标行为？就是家长要明确奖励哪些行为，惩罚哪些行为，不能一会儿奖励这个行为，一会儿又惩罚这个行为，否则孩子会被家长的行为搞蒙。有的家长在奖励或惩罚孩子时很随意，只要他自己觉得孩子做得好就奖励孩子；只要他自己觉得孩子做得不好就惩罚孩子。这些家长不管事先有没有跟孩子商量，也不管孩子能否接受。

有的家长在自己心情好时，即使孩子做错了事，也不会惩罚孩子。而有的家长在自己心情不好的时候，只要孩子略微做错一点儿，就会呵斥孩子："我今天本来就烦，你还不听话，你要挨揍了！"

还有一些家长会用贴纸奖励孩子，这是一种很好的奖励方式，被称为"代币法"。比如，家长可以和孩子约定，用五个笑脸贴纸换一个星星贴纸，用五个星星贴纸换一个小玩具。只用贴纸奖励孩子好的行为。即使孩子有不好的行为，家长也不能撕掉孩子的贴纸。因为撕掉孩子贴纸的行为看上去是在惩罚孩子的不良行为，实际上会让孩子认为此举是在否定他之前的好行为。比如昨天孩子在学校里表现得非常棒，家长奖励给孩子一个笑脸贴纸。但是孩子今天在学校里表现得非常不好，家长一气之下撕掉了孩子的笑脸贴纸。家长以为此举是在惩罚孩子，其实会让孩子理解成："不管我做得多好，只要我有一次做得不好，前面的一切都归零，那么我下次做得再好又有什么意义呢？"这样的行为在无形之中打击了孩子的自信心，也消磨了孩子前进的动力。

另外，在对孩子实施奖惩的过程中，家长要多反思自己的行为，争取做到赏罚分明。

如何制定奖励规则

奖励孩子这件事，非常考验家长的教育智慧。家长处理得好，会充分调动孩子的积极性；家长处理得不好，反而会起到相反的作用。家长如何制定奖励的规则呢？

🔊 充分听取孩子的意见

一些家长在制定奖励规则时不听取孩子的意见，坚持自己说了算。在这种情况下，即使家长制定的奖励规则再详细，孩子也未必认可。在制定奖励规则时，家长需要和孩子充分讨论和商量。

如果这个奖励规则是家长和孩子一起制定的，那么孩子的积极性就会高很多。制定规则以后，如果需要修改规则，双方需要协商。任何一个规则都不可能做到完美，常常会有一些不适用奖励规则的情况，这就需要家长和孩子一起讨论修订。

🔊 阶段性总结

在实施奖励的过程中，家长要重视反馈结果，也就是阶段性的总结。一些家长制定了堪称完美的奖励规则，但就是对孩子不起作用，大多是因为家长工作太忙了，常常忘了给孩子反馈，或者反馈的周期太长。

一般来说，年龄小的孩子需要日日反馈。再大一些的孩子至少需要每周反馈两次。家长需要及时给孩子发放奖品，千万不要对孩子说："妈妈这周很忙，没时间给你买奖品，等下周吧。"这样的话会降低孩子的积极性。一旦制定了奖励规则，家长就要经常给孩子反馈结果，并且如期落实孩子的奖品。

让孩子学会自我奖励

每天晚上我孩子都跳绳，至少要跳 1000 下。跳绳对孩子来说是一项比较困难的任务，倒不是因为他不会跳，而是因为他觉得有点儿枯燥。孩子在出门的时候带了一根跳绳和一瓶自己喜欢喝的饮料，他认真地告诉我："妈妈，我准备每跳 100 下喝一口饮料，这样我就会更有动力了。"听到这句话以后，我还是挺开心的，并对孩子说："看起来你学会了自我奖励。会自我奖励的人能很好地完成任务。我也经常奖励自己。"

孩子说："是的，我有时候会奖励自己休息一下，有时候会奖励自己吃点儿东西。"

我同意孩子说的这段话，并认真地肯定了孩子的想法。

在教育孩子的时候，有的家长会运用奖励的方式，以便让孩子变得更好。在生活和工作中，我常常会给自己一些奖励，比如吃一次大餐，逛一次街，等等，这些奖励会让我的动力更足，让我更愿意付出努力。在教育孩子的过程中，我也希望孩子学会自我奖励。

🔊 自我奖励的好处

为什么我希望孩子学会自我奖励呢？目标是自己定的，奖励也是自己给的，自己最清楚自己想要什么，可以是物质的奖励，可以是额外休息的时间奖励，可以是参加一次有趣活动的奖励……

自我奖励能将自己希望享受的东西和需要奋斗的东西联系在一起，它能让人们更有动力去追求更高的目标，获得更大的提升。你的孩子如果能将他自己喜欢的东西变成对自己的奖励，就能完成目标。

学会自我奖励的孩子，不容易迷失自己。明白自己想要什么，明白自己需要做什么，这样的孩子不容易迷失在享乐的世界里。所以，在生活中，我总是告诉我的孩子："别人给你的奖励是有限的，而你可以一直给自己奖励。与其等着别人奖励你，不如你自己奖励自己。"

🔊 自我奖励的步骤

该怎样让孩子学会自我奖励呢？

首先，孩子必须经历一个他人给予奖励的过程。在孩子很小的时候，奖励可能是一根棒棒糖，也可能是他人的一句表扬。这时候的孩子完全被动地接受奖励，感觉到了被奖励的喜悦，却不知道其中的奥秘。

等孩子再大一点儿，有了自己的想法以后，家长就可以跟孩子一起商定奖励的细则，比如在什么样的情况下可以获得怎样的奖励。在制定奖励规则的过程中，孩子会慢慢明确自己需要怎样的奖励。之后，家长就鼓励孩子学着自我奖励。

🔊 给孩子做示范

家长可以告诉孩子如何进行自我奖励，比如完成一个特别重要的工作任务，就会奖励自己吃一顿大餐；感到工作特别辛苦时，就会奖励自己休息一会儿；等等。

奖励不是目的，而是一种激励措施。孩子可以通过自我奖励体会到成就感，强化自信心，积极主动地去完成自己的目标。

惩罚孩子的注意事项

面对犯错误的孩子，有的家长就想打孩子一顿。可是打孩子的这个行为，只能管一时，不能管很久。可见，打孩子的这种行为治标不治本。那么家长该怎样让孩子改正错误呢？

🔊 惩罚孩子的两种方式

第一种惩罚方式：让孩子自食其果。与其说这是一种惩罚方式，不如说这是让孩子自己试错。在条件允许的情况下，家长要让孩子有犯错的自由。孩子在体验过犯错的后果后会记得更牢。

有一次，孩子非要碰一个发烫的灯管。我不停地告诉孩子，这个灯管会烫坏他的手。结果，孩子还是趁我不注意的时候摸了一下灯管，他的手瞬间就被烫伤了。孩子从此就知道了灯管真的会烫手。再看到亮着的灯管时，孩子不但自己不敢再碰，还一遍遍地告诉身边的人不要去碰。这是不是比唠叨管用多了？

家长说一万遍都不如让孩子自己试一遍的效果好。但是，有的时候试错的成本太高了。因此，家长要谨慎使用试错的惩罚方式。

第二种惩罚方式：不让孩子做想做的事。其实这种方式很常见。我们不自觉地就会使用这种方式。举个例子，在孩子撒泼不吃饭时，有的家长就会把孩子的饭菜倒掉，并且告诉孩子，从现在开始到下一餐前，他都没有饭和零食吃。大多数孩子从此以后会乖乖吃饭。

🔊 惩罚孩子的注意事项

惩罚会抑制孩子的不良行为，也会唤醒孩子的反抗意识，破坏亲子关系。所以，家长在惩罚孩子的时候需要注意以下几点：

1. 在惩罚孩子的同时进行正向教育

如果孩子不肯好好做作业，家长就没收孩子心爱的玩具。同时，家长要让孩子知道被惩罚的原因。孩子只要好好写作业，就不会受到惩罚。

2. 对就是对，错就是错

有的家长虽然被孩子气得咬牙切齿，恨不得打孩子一顿，但终究舍不得打孩子。一些家长在惩罚孩子时会心慈手软。如果家长网开一面，孩子就可能再犯。

3. 惩罚要及时

不能孩子今天犯了错，过了好几天以后，家长才惩罚孩子。孩子都不知道自己为什么会受到惩罚。即使家长告诉孩子原因，孩子的感受也没有那么强烈了。

4. 是惩罚孩子，不是虐待孩子

家长可以惩罚孩子，但不能虐待孩子。虐待孩子会让孩子的身心遭受不可逆的伤害。

惩罚会给孩子带来什么

在教育孩子的过程中，惩罚是一个绕不过去的话题。惩罚会给孩子带来什么呢？

🔊 惩罚会让孩子感到不服气

如果家长用惩罚的方式制止孩子的行为，孩子可能会在短期内不再有这样的行为，但这并不代表他心甘情愿地认同家长。孩子可能会想："这不公平，凭什么我要接受这样的惩罚，凭什么我要被家长揍？"有的孩子会在今后的生活中处处挑战家长的权威，故意挑事。

🔊 惩罚会激起孩子的反抗意识

有的孩子被家长惩罚之后，当时没有什么反应。但家长对孩子造成的伤害深深地印在了孩子的脑海中。等孩子能够与家长抗衡的时候，就是孩子反抗的时刻。

请家长不要简单地惩罚孩子。有时候家长的一句话、一个动作，给孩子造成的伤害是不容小觑的。

🔊 惩罚会让孩子变得偷偷摸摸

这类孩子知道家长不允许他们有这样的行为，但是他们又没有认同家长的教育，于是，他们偷偷摸摸地干，确保不被家长发现。虽然家长看不到孩子的问题了，但是孩子的问题仍旧在那里，只不过没有被家长发现。家长原本的目的是让孩子吸取教训，结果却让孩子学会了如何巧妙地躲避惩罚……

惩罚会让孩子否定自我

还有一类孩子，他们的内心本身不够强大，他们的自信心很弱。家长一批评、一惩罚，这类孩子就觉得自己不是一个好孩子，活该受到惩罚，变得越来越自卑。这类孩子的自信是建立在别人的评价之上的，他们习惯了别人对自己的评价，不反驳，不生气。

惩罚之所以会在短期内有效，是因为惩罚具有足够强的威慑力和不适感。被惩罚的孩子会在一段时间内看起来很乖。教育的最终目的是为了让孩子的行为往好的方向发展。家长与其每次都用无效的惩罚方式，不如认真思考更好的处理问题的方式。

温柔的告诫和严厉的惩罚，哪个更管用

我发现，在教育孩子时，并不是家长批评或责罚得越狠越管用。有的家长会恶狠狠地对孩子说："如果你不把作业做完，我就打死你！"结果孩子真的没做完作业，被家长恶狠狠地揍了一顿。可是，家长失望地发现，孩子挨打之后根本没长记性。于是，有的家长揍孩子越来越狠，效果越来越差。有人说，这是因为孩子被打皮实了。

面对有问题的孩子，老师或家长都很头疼。既然严厉的批评或责罚都对孩子不管用，那么还有没有管用的家教方法呢？我认为，温柔的告诫对孩子有用。我们先来看一个心理学的实验：把参加实验的孩子随机地平均分成两组，在这两组孩子的面前都放一个诱惑力很强的玩具。实验人员用温柔的语气告诫一组孩子不许玩这个玩具，而用非常严厉的口吻警告另一组孩子不许玩这个玩具。一段时间以后，这两组的孩子都没有去玩这个玩具。但研究还没有结束。两周之后，实验人员又在这些孩子面前摆放这个玩具。结果发现，被严厉警告的小组里面玩这个玩具的孩子比被温柔告诫的小组里面玩这个玩具的孩子数量多。为什么会出现这样的结果呢？

温柔告诫的作用

再想象一下，你是那个被严厉警告的小孩儿，你可能会对自己说："我不能玩那个玩具，因为我会被训斥。"你不玩这个玩具是因为怕被训斥，等到没有人警告的时候，就会撒欢儿地玩。

再想象一下，你是那个被温柔告诫的小孩儿，你可能会对自己说："我为什么不能玩那个玩具呢？是因为我怕那个人吗？才不是。只是因为我不想玩。"你之所以不玩这个玩具，是因为你自己选择不去玩，等到再次见到这个玩具的时候，依然不会去玩这个玩具。这听上去有点儿不可思议，但这就是事实。无论有没有监控探头，大多数人在开车的时候会礼让行人。人们之所以这么做，很大程度上是因为人们认为自己是一个非常有素质的人。

家长在教育孩子的时候，要尽可能地让孩子做到自我约束，要让孩子自己主动做作业，而不是逼迫、打骂孩子做作业。

📢 什么是温柔的告诫

我认为，温柔的告诫就是鼓励和引导。其实鼓励和引导非常考验教育者。教育者首先要有足够多的耐心。家长如果足够爱孩子，想让孩子变得更好一些，就要不断地鼓励孩子。而有的家长认为严厉的警告、责罚能够一下子控制住那些无法无天的孩子。家长在凶不过孩子的时候，还有其他管孩子的办法吗？教育一定是一个长期的过程。温柔的告诫远胜于严厉的惩罚。

及时惩罚莫迟疑

大部分的家长不愿意真的惩罚孩子。因此，家长会这样对孩子说："我告诉你，这是最后一次，如果你下次再这么干，看我怎么收拾你！"家长希望孩子能够记住自己的严厉警告，下次不再犯类似的错误。但有的孩子在听完家长的警告后，不是在想如何不犯同样的错误，而是庆幸自己又躲过了一劫。

面对反复犯同样错误的孩子，家长崩溃地大喊道："我上次不是警告你了吗？你到底在干什么呢？你真的喜欢被惩罚吗？"而事实上，家长其实想对孩子说："你能不能不要再犯同样的错误呢？为什么你非要逼我动手呢？"怎样才能避免孩子反复犯同样的错误呢？为什么孩子就不能在犯错误之后好好反思，杜绝自己再犯呢？

请家长不要再对孩子说"如果你下次再这么干，看我怎么收拾你！"，而是对孩子说"你又犯错了。我觉得你需要受到一些必要的惩罚"。

家长惩罚孩子时要有理有据。每次惩罚孩子前，家长都要告诉孩子惩罚他的原因。如果孩子当下犯错了，家长就立即惩罚孩子，不要等着下次再惩罚孩子。孩子需要及时的反馈，不论是他人的表扬还是惩罚。请家长不要把惩罚留到明天，请家长不要对孩子说："你是因为昨天的错误而受到惩罚。"否则，孩子的感受是："我被家长惩罚了，我的家长真的不讲道理。"

为什么有的孩子会犯同样的错误呢？这是因为孩子的大脑尚未发育成熟，预见问题的能力较弱。换句话说，孩子预见问题的能力较弱，稀里糊涂地犯了同样的错误。家长要让孩子学会反省自己的错误，并给孩子一些必要的指导。

有的孩子在反复犯错的过程中，不断地试探家长的底线。家长的妥协非但不能教育孩子，有时还会让孩子变本加厉。家长要及时惩罚孩子。惩罚不等于打骂。惩罚的意义在于让孩子学会反思，杜绝再犯类似的错误。

纠正不良行为，居然可以用奖励的方式

在聊这个话题之前，我们先来看一个故事：

一群孩子经常在老爷爷家门口调皮捣蛋，踢垃圾桶，叮叮咚咚的声音吵得老爷爷无法休息。你如果是这个老爷爷，该怎么处理这个问题呢？一般情况下，你会把这群孩子骂一顿，但这个老爷爷的举动让人匪夷所思，又让人惊叹不已。

老爷爷把这群孩子叫过来，语重心长地对他们说："我上了年纪，家里太冷清，你们每天都来踢垃圾桶，真的太好了，这是给你们的奖励。"于是老爷爷给每个孩子发了一些钱。

孩子们惊奇不已，既能捣蛋，又能赚钱，这世上竟有这样的好差事！

第二天，孩子们又兴致勃勃地来踢垃圾桶了，比昨天更热烈。当孩子们踢完垃圾桶后，老爷爷把孩子们叫到身边，为难地说："孩子们，你们今天的表演精彩极了，可是我没有那么多钱了，只能给你们这些，谢谢你们。"老爷爷第二天给孩子们的钱明显比第一天的少了很多。但孩子们依然心满意足，乐呵呵地回家了。

第三天，孩子们又来了，他们仍然卖力地踢着垃圾桶。在孩子们踢完垃圾桶后，老爷爷很无奈地对孩子们说："孩子们，真对不起，我是一个穷人，实在没有那么多的钱给你们了。你们的表演很精彩，但我今天真的拿不出钱给你们了，你们可能要空手而归了。"听完这番话，孩子们个个气鼓鼓地说："哼，竟然一分钱都没有，你休想让我们再来！"于是，这群调皮捣蛋的孩子再也没有出现在老爷爷的家门口。

讲到这儿，你是不是惊叹于老爷爷的智慧？为什么孩子们不来调皮捣蛋了？我来分析一下原因：最开始，孩子们之所以来踢垃圾桶，是因为他们感受到了捣乱带来的无限乐趣。后来，孩子们之所以来踢垃圾桶，是因为他们能够获得报酬。再后来，老爷爷不再给孩子们报酬，孩子们踢垃圾桶的兴趣就瞬间消失了。

🔊 金钱奖励的后果

有的孩子乐呵呵地对我说："老师，我妈妈说了，只要我这次考好了，就给我一百块钱！"我在心里默默地说，这位家长成功地把孩子对于学知识的乐趣变成了对于金钱的兴趣。家长这样做会产生两种后果：

1.当孩子考得好，家长不再奖励孩子的时候，孩子就再也不想努力学习了。

2.当孩子一次比一次考得好的时候，家长再也奖励不起孩子了。

🔊 奖励的三个窍门

1.对于年龄比较小的孩子，家长可以奖励孩子感兴趣的东西，比如食物、玩具等，最好不要用金钱奖励，除非你的孩子有理财的头脑。

2.对于年龄较大的孩子，家长奖励的方式就多样了。物质奖励和精神奖励双管齐下会更有用。家长可以带孩子去他最想去的地方，带孩子去做他最想做的事情，等等。

3.对于孩子本身就感兴趣又值得去做的事情，家长千万不要附加任何奖励。否则，孩子的兴趣就会很容易因为没得到家长的奖励而消失。

让孩子有弥补错误的机会

孩子难免做错事。面对做错事的孩子，一些家长就喜欢用惩罚的教育方式。为什么家长要惩罚孩子呢？无非就是想让孩子及时地改正错误。

在某种程度上，惩罚消除了孩子因为自己做错事而产生的内疚感。因为孩子知道，只要自己做错事就会受到惩罚，受到惩罚后，就算处理完了这件事。在一些孩子的心里，惩罚等于消除错误。渐渐地，有的孩子就不会再反思自己的不当行为，也不会再思考如何改正错误。这就意味着有的孩子错失了反省的机会。而反思自己的行为才是犯错后的孩子应该做的。

在学校里，两个学生因为打闹将水杯打翻了，水流了一地。老师问："这是谁干的？"这两个学生有可能会推卸责任，指责对方。到最后，这件小事就可能会发酵成有关思想品德教育的大事。老师也可以换种说法："这水流了一地，现在该怎么办呢？"将学生们的注意力转移到处理问题上。你拿拖把，我拿抹布，就解决了这件事情。

这样的处理方式是为了让孩子明白犯错以后要积极补救，这比惩罚更有效。

看到孩子把花盆里的土撒了一地后，家长可以对孩子表达自己的愤怒之情："你看看你，弄得到处都是土，我很生气！"家长表明自己的态度之后，也要给孩子改正的机会。家长可以对孩子说："你快去拿扫帚和簸箕，把这些土都扫起来。"

如果家长直接惩罚孩子，那么孩子就没有弥补自己错误的机会了。家长应该积极引导孩子改正错误，采取行动弥补错误。一些孩子做错事后，认为只要道歉就可以了，丝毫没有在行为上有所改观，就会很容易犯同样的错误。面对这样的情况，家长要让孩子意识到，道歉应该是真诚的，也应该表现在行动上。家长可以对孩子这样说："我接受你的道歉，但是你要想想该怎么弥补错误。"弥补错误才是孩子应该做的事情。

家长想让孩子学会什么，就要去引领什么。家长要让孩子学会反思自己的行为，积极弥补自己的错误。

大胆鼓励吧，孩子不会骄傲的

我建议每个家长都将学会鼓励孩子作为一个育儿目标。有的家长一定很诧异："鼓励孩子也能算是我的一个育儿目标吗？难道我的育儿目标不应该是严格要求孩子吗？"也有的家长会质疑："家长鼓励孩子，会让孩子的尾巴翘上天的，会让孩子自我感觉良好。在这种情况下，家长还有办法管教孩子吗？"

🔊 鼓励和表扬的区别

正确的鼓励是不会让孩子的尾巴翘上天的，而表扬有可能会让孩子的尾巴翘上天。鼓励和表扬之间有什么区别吗？

试想一下，你会在什么情况下充满自信呢？是不是你觉得自己很厉害的时候？比如你做了一件特别厉害的事情，连你都没搞清楚自己是怎么成功的，这时候，你就会有一种"我生来就是最棒的！"的错觉，觉得别人都不行，就自己最厉害，然后你就会充满自信。这样的经历多了，你可能就飘了，甚至都不知道自己为什么飘了。

其实孩子也是一样的，当他不知道自己为什么厉害的时候，他就会飘，会觉得自己不用努力就能胜人一筹。这样的错觉是怎么形成的呢？是在家长们一次次错误的表扬中形成的。"你真聪明！""你真厉害！""你的脑子就是好使！""你就是比人家厉害！""你真棒！"这些话会让孩子觉得："我本来就是厉害的，我甚至不需要努力。"于是这个孩子就会觉得自己能够做好每件事情，他自然会遭遇很多失败。但这并不意味着家长用打压孩子的方式就能让孩子脚踏实地。如果家长总是用差评评价孩子，那么孩子就会觉得自己很差劲，提不起精神。试想一下：如果你身边总有这么一个人，天天说你哪里做得不好，你会因此而发愤图强吗？你大概再也不想理他，不想听他说话。

有理有据的好评

　　孩子需要家长的好评。但是这种好评不是没有缘由的好评，而是有理有据的好评。家长可以对孩子说："为了做成这件事，你准备得很充分，做得很不错哦！"从这句话里面，孩子感受到的是："我之所以能将这件事情做好，是因为我准备充分。下次在做事情前，我也要像这次一样做好准备。"

　　老师可以对孩子说："在这次考试中，你认真审题了，考得不错哦！"从这句话里面，孩子会更加坚定地认为认真审题和考高分之间是有关系的。没有无缘无故的成功，想要成功，就需要加倍付出。

　　家长学会正确地鼓励孩子，会让孩子变得更好。大胆鼓励孩子吧，孩子不会因此骄傲的。

谁说夸奖没有用？那是因为你夸错啦

有人说："好孩子是夸出来的。"一些辅导过孩子的家长会提出质疑："好孩子怎么是夸出来的？我把孩子交给你试试。不批评、不训斥孩子，这孩子还不得上房揭瓦啊？"

我们不能否认一个事实，那就是常常得到夸赞的孩子要比得不到夸赞的孩子自我感觉更好，更乐于接受挑战，也更愿意设立更高的目标。夸奖确实是有用的。但是，为什么夸奖在实际运用中常常失灵呢？一定是因为哪个环节出现了问题。

试想一下：如果你花了一天的时间把家里打扫得干干净净，将东西整理得整整齐齐，你的家人看到后，对你说"你真棒！"，你是什么感觉呢？

你虽然得到了家人的称赞，但是总感觉缺了点儿什么，有点儿怅然若失。你可能会怀疑自己："是不是我哪里做得不够好？是不是我这么做没有一点儿意义？"你或许会有点儿难过："我这么辛苦，大家好像根本不在乎。"以后你就可能不那么积极地打扫房间了。你是否想过，夸奖有时还会伤害别人，给别人带来困扰？如果孩子将自己写好的文章拿给你看，你就说了"很棒！"俩字，这时候孩子大多会因此沮丧。

📢 学会正确地夸奖

要怎么正确地夸奖他人呢？打扫了一天卫生的你，是不是渴望听到家人不吝啬的、具体的夸奖呢？"你太棒了！你将那么乱的东西整理得这么整齐。你将这个玻璃门擦得这么干净，我都以为没有玻璃呢！……"这是一种夸奖的技巧——将自己看到的、感受到的东西具体描述出来。看完孩子写的文章后，你可以这样对孩子说："你写的这一段描写景物的文字很美，还用了很多修辞手法，让人有一种身临其境的感觉。"当你描述完后，孩子会真的觉得自己写得不错，自我感觉良好。

你在描述完自己的感受后，可以用一句简单的话来总结这种值得赞赏的行为。比如你可以这样对孩子说："你已经认真地背一个多小时单词了。"随后你就总结："这就叫坚持。"经过你的描述和总结，孩子就理解了坚持的意义。

我们需要时常练习夸奖别人。家长不要只用"你真棒！""你真了不起！"来夸奖孩子，要学会夸奖的技巧。

夸奖的四个技巧

确认孩子的年龄。夸奖的话要适合孩子的年龄和能力。如果你夸一个三岁的孩子会自己穿衣服，孩子就会很高兴。但是如果你夸一个十岁的孩子会自己穿衣服，孩子就会觉得你在嘲笑他。如果孩子很轻松地解开了一道题，你在此时夸奖孩子就显得有些虚假。

在夸奖孩子的时候避免提及过去的错误。在夸奖孩子的过程中，有时候家长会犯一些自己都没有意识到的错误。比如，有的家长对孩子说："你竟然考及格了！""你在唱这首歌时终于不跑调了！"这些话会让孩子觉得家长在挖苦自己。如果还有其他人在场的话，家长的话更会让孩子难堪。有些看似夸奖的话，实则揭了孩子的"老底"。

不可过度夸奖。如果孩子取得一点儿小成绩，家长就用特别夸张的语气和语言来夸奖孩子，会让孩子感觉很差。如果家长对一个刚刚学会下围棋的孩子说"你下得太好了，你应该去参加国际围棋比赛"，这样不切实际的夸奖会让有的孩子觉得家长在羞辱自己，从而打击孩子下棋的积极性。

不要用"我真为你自豪！"夸奖孩子。在孩子取得好成绩时，家长常会说："我真为你感到自豪！"看似夸奖孩子的话，孩子不一定能感受到。试想，当你努力了很久，终于通过了某项考试时，你的家人对你说"我真为你感到自豪！"，你会有什么样的感受呢？家长不妨换一种说法："你真的不容易，你的毅力让我佩服！"

看似简单的夸奖，其实有很多的技巧。家长要先从舍得夸奖开始，再学会夸奖，最后用夸奖来成就孩子，让孩子做更好的自己。

该不该说"你已经很棒了！"

在成长的道路上，孩子难免会遭遇失败。失败以后，有的孩子会自我否定，闷闷不乐，号啕大哭。一些家长会这样宽慰孩子："没事的，你已经很棒了！"你会发现，这句话基本上等同于废话。有的孩子在听到这句话后会哭得更凶，并且会反驳家长："我怎么棒啦？我表现得那么烂，其他人都比我好，太丢人了！"

在孩子遭遇失败后，一些家长总想让孩子的心情立刻变好，让孩子重拾信心。可事实上，很少有孩子会在遭遇失败后开心地说："哎呀，真好，这次失败让我积累了很多经验教训！"一个人在遭遇失败以后，否定自己，神情沮丧，这是正常的反应。家长不必为了宽慰孩子，虚假地评价孩子的失败，也不必急着让孩子从失败中走出来。家长看似维护孩子自尊心的做法，却在伤害孩子的自尊心。

孩子在遭遇失败的时候，显然会对自己的表现不满意，而家长希望孩子能够自我感觉满意，往往会用很多很牵强的话语去安慰孩子："你刚才在赛场上表现得很不错！""你刚才跳舞的时候很精神！"家长的本意是想用各种方法让孩子开心起来，但是孩子大都不买账。

家长必须转变思路。孩子对自我不满意是因为孩子有比较强的自尊心。拥有比较强的自尊心不是一件坏事儿，这往往能激发孩子的斗志。如果家长觉得孩子并不是特别在意自己的表现，孩子的表现也不那么令人满意，那么家长就不要用"你刚才表现得很棒！"来安慰孩子。家长可以对孩子说："你今天的表现的确不太令人满意，相信你也是这么想的。我能理解你的感受。不过我们终究要面对这个失败的现实。接下来你有什么打算吗？"如果孩子有一些打算或想法，那么家长就可以跟孩子讨论一下。

🔊 既然要表扬孩子，就别总说"可是"

有一次，我跟一个妈妈聊天，她促使我思考了很多。我惊喜地告诉这个妈妈，她的孩子在阅读方面表现得非常不错，知识面很广，跟她的孩子聊天很有意思。我原以为这个妈妈会非常高兴地回应我，并且为孩子的优点感到高兴。令我没想到的是这个妈妈不停地跟我说她家孩子的缺点。

这位妈妈说："他很喜欢看书，可是他写不好作文，他经常做错阅读题，他就是不认真，他就是……"听到这位妈妈这样说，我深感郁闷。为什么这个妈妈对孩子的优点视而不见，却揪着孩子的缺点不放呢？为什么这个妈妈不去想如何发挥孩子的优点呢？为什么这个妈妈不跟我聊聊孩子是如何喜爱阅读的呢？

🔊 "可是"带来了什么

其实，这也不是个案。一些家长看不到孩子的优点，却更多地看到了孩子的缺点。一些家长在评价孩子的时候，总是加"可是"两个字。家长的本意是希望孩子变得越来越好。殊不知家长的这个"可是"否定了孩子的努力。

我曾经目睹一位妈妈教育女儿的全过程。小姑娘很优秀，没考好语文，数学考了满分。这位妈妈不能接受这样的考试结果，追着女儿问为什么没考好语文。小姑娘很委屈，不停地跟她妈妈强调："我数学考了满分。"

这位妈妈只用了一句话就把孩子怼回去了："我知道你数学考了满分，可是语文呢？"小姑娘被她妈妈说得眼泪汪汪。

一些家长习惯在表扬孩子时加上"可是"两个字，以防孩子骄傲自满。孩子因此得不到纯粹的肯定。久而久之，孩子会觉得："家长只看到了我的缺点，很少表扬我。当我做得好时，家长并不惊喜；当我做得不好时，家长一定会大肆批评我。所以，不论我做得有多好，家长都能找到批评我的理由。"在这种环境中成长的孩子害怕犯错，看不到自己的优点。

有一次，在课堂上，我问学生们："你们觉得自己有哪些优点呢？"大部分学生不能说出自己的优点。但当我问到学生们的缺点时，大部分学生能说出自己的缺点。一个连自己的优点都不知道的孩子，该如何发挥自己的长处，发展自己的能力，树立自信心呢？

🔊 孩子需要家长的肯定

　　教育的宗旨是发扬人的优点，让每个人都能找到自己的闪光点，培养自信的人。然而，一些家长总是那么急切地想要纠正孩子的错误，对孩子们所取得的成绩视而不见。一些家长认为家庭教育的目的就是培养谦虚的孩子，帮助孩子改正缺点，全面发展孩子的能力。这种观点并没有错，但一些家长忽视了孩子的心理需要。孩子需要家长的肯定。肯定孩子努力的价值会让孩子产生成就感，能让孩子做出正确的自我评价。

第五章

把成长的空间还给孩子

"双减"政策的初衷是希望孩子们有更多的成长空间，把童年还给孩子。但是一些家长担心孩子整天"瞎玩"会荒废学业，担心孩子学习不专心，等等。家长需要给孩子一定的成长空间，让孩子在这个空间里获得更多的快乐。

把假期还给孩子

给孩子补习，这是家长们绕不开的一个话题。孩子这门课学得不好，那就给他找家教老师补补。孩子需要多做点习题，以便提升学习成绩。家长们怕什么呢？怕一不留神自己的孩子就落后了。"其他的孩子都在学，我的孩子在玩，这怎么可以呢！其他的孩子在努力向前奔跑，我的孩子也要不停地往前跑。不管孩子能学进去多少，只要孩子坐在那里，我就安心。"

🔊 补习真的能让家长安心吗

"只要学不死，就往死里学。"这不是一句玩笑话，而是一些孩子现实生活的写照。孩子毕竟不是机器人，他会疲劳，就像紧绷的橡皮筋，绷的时间久了，会松，会断。心理学家们发现了"学习倦怠"。不能有效缓解学业压力，不能妥善处理在学习过程中所遇到的问题，学习效率低下，产生失落、焦虑、乏力等问题，这些都属于"学习倦怠"。

每个人的时间是有限的。孩子每天都要把这些有限的时间分配给各个任务。如果任务的难度或者数量超出了时间所能够支配的范围，孩子就容易处于超负荷运转的状态。长期超负荷的运转容易导致孩子认知疲倦，这不利于孩子学习成绩的提高，也不利于孩子身心的健康发展。

🔊 越差越补，可能会越糟糕

我曾经跟一个孩子聊天。这个孩子说，回家以后，他每天做作业的速度总是很慢，要花很长的时间才能完成作业。我对此很诧异：老师明明没有留多少作业啊，这个孩子怎么用这么长的时间做作业呢？这个孩子悄悄地告诉我："如果我将学校的作业快速做完了，妈妈就会给我另外布置作业。我还不如慢一点儿做作业。"

这个孩子在家长的逼迫之下找到了应对之道。

有些家长送孩子去补习班的原因就是孩子某一门课的成绩太差了。但是，成绩太差的学科单靠补习不会很快提升成绩。补习很有可能会让孩子厌恶该学科。研究指出，学习成绩越差的孩子认知负荷越重。一些学习成绩好的孩子不需要动用很多资源就能轻松完成各项学习任务，而一些学习成绩差的孩子就算动用全部的资源也未必能解决一道难题。

如果一个孩子每天都忙到没有时间锻炼、聊天、看闲书的话，那么他的认知负荷十有八九是超标的。看看你的孩子吧，或者你亲自体验一下孩子的生活，也许你的心里就有答案了。

家长送孩子去上各种补习班，让孩子去刷各种习题，究竟是为了让自己心安，还是真有效果呢？也许补习班只是一粒有毒的安慰剂，安抚了家长焦躁不安的心，荼毒了孩子本已疲惫的好学之心。

有时候，慢就是快

一些孩子在刚学跳绳的时候，跳得很快，但是跳不到规定的数目，因为总是被绳子绊到。这时候，家长应该告诉孩子："跳得多的秘诀不是跳得多么快，而是中间不要被绳子绊到，跳慢一点儿也没关系。"孩子学会稳住节奏，跳得均匀而顺畅，就能很快达标。

其实生活中的很多事情，不在于你发力有多猛，频率有多快，关键是慢慢地，稳住。

有一次，我跟同事们玩带球走 S 形路线的团队游戏。在刚开始时，我很心急，走得很快，球一下子就偏离轨道，要费尽周折才能把球再运回来。这时，一个年长的同事不停地说："慢就是快，慢就是快！"突然间我似乎悟道了："对啊，慢就是快！"这个道理看起来很简单，为什么那么多人不懂呢？

🔊 不提倡提前学习

一些幼儿园的孩子被家长逼着学拼音、学计算，一些小学生或初中生被家长逼着利用业余时间提前学习高年级的知识。我们有那么多能力超前的孩子吗？并没有。一些家长不管自己的孩子是否有超前学习的资质，就要求孩子提前学。这些家长错误地认为，只要孩子提前起跑，就能跑在同龄人的前头。

"磨刀不误砍柴工。"不管刀刃是否锋利，提着刀就上山狂砍是不明智的做法。双生子爬梯试验告诉我们：孩子在身心尚未发育成熟的时候，学东西就会特别慢。家长逼迫孩子超前学习各种知识，只会白白浪费孩子的时间。家长不如把那些时间用在让孩子接触自然、感受游戏的快乐上。

有人说："把那么宝贵的时间用在玩耍上岂不是浪费时间？"什么叫浪费？孩子玩耍就是浪费时间吗？玩耍能够培养孩子与这个世界的联结，能够发展孩子的很多能力。

🔊 慢教育才是快的教育

不紧不慢，根据孩子发展的科学规律办事是一种很好的教育节奏。在孩子人生的每个阶段，家长需要科学、合理地安排孩子学习的内容。请家长慢下来吧，不要一上跑道就要求孩子狂奔！看看你的孩子，穿对鞋子了吗，系紧鞋带了吗？是快速冲刺还是匀速行走更适合孩子呢？不计后果的狂奔会让孩子在短期内领先，也会让孩子在某一刻栽跟头。跟头栽得越多，孩子的状态便会越差。孩子需要在合适的时间干适合的事情。家长终会发现，慢教育才是快的教育。

游戏对孩子来说很重要

现在的孩子真的很辛苦，假期不意味着休息，而意味着各种培训班。家长的目的是让孩子利用假期查漏补缺，提升技能，实现弯道超车。如果我问家长："孩子有时间玩游戏吗？"我在本文所指的游戏不是电子游戏。一些家长一定会说："你别开玩笑了。现在的孩子哪有时间玩游戏啊？孩子们有那么多的东西要学，有那么多的作业要做，有那么大的学业压力要承受，怎么可能还有时间玩游戏呢？孩子顶多就是去楼下打个球、散会儿步，或者外出旅游一趟。"我说的游戏不是这样的。我说的是没有家长干预的、儿童自发组织的游戏，看起来就像是漫无目的的闲玩游戏。孩子值不值得在闲玩的游戏上花时间呢？除了放松身心以外，闲玩的游戏还有其他意义吗？

🔊 儿童游戏

我先举两个例子。

一个例子是：很多年前，我还在读大学，暑假回家后，有几个孩子来我家玩儿。那会儿我家正在建房子。家门口堆着很多砂石。这几个孩子就在砂石堆上玩了很长时间，而且玩得不亦乐乎。

另一个例子是：我的孩子会把他所有的乐高积木统统放在房间的地板上，他谁也不理会，就自己一个人发挥想象力，拼装了很多东西。

英国学者威尔斯曾经写过一本书，书名是《沙盘游戏疗法的起源：地板游戏》。这本书记录了作者和自己的两个儿子在地板上用各种玩具搭建各种场景，演绎不同的故事。作者在游戏中发现，这种地板游戏能够激发孩子的想象力，并且为孩子今后的生活建立一种广阔的、激励人心的思维模式。

依据威尔斯的观点，我的孩子拿着自己的乐高积木在地板上玩的游戏就可以被称为地板游戏。虽然我不知道孩子玩了什么，但我知道孩子玩得非常投入，非常有成就感。孩子在玩具和想象的世界中构建着自己对世界的认知。

🔊 游戏的作用

　　心理学家洛温菲尔德，受到威尔斯的启发，把地板游戏引入心理治疗，用来治疗那些患有心理疾病的孩子，取得了非常不错的疗效。于是洛温菲尔德出版了专著《童年游戏》，她认为，游戏对于孩子是至关重要的，将深深地影响孩子适应现实生活的能力。游戏至少有以下四个作用：

　　（1）游戏是儿童接触与适应环境的手段。童年的游戏同成年人的工作一样，在本质上有类似的社会功能。

　　（2）游戏能够增强儿童的自信，满足儿童的心理需要，引导儿童树立正确的三观。

　　（3）游戏能够提高儿童的语言表达能力。儿童用语言表达自己的能力较弱，他不会用非常精确的语言去描述自己的问题。但在游戏中，儿童能把自己遇到的问题用语言表达出来。

　　（4）游戏能够让儿童获得快乐和轻松的体验。现在的孩子压力非常大。如果家长想给孩子一个释放压力的出口，那么游戏是非常不错的选择。

　　请家长多给孩子一些玩游戏的时间吧！

家长要舍得把孩子交给社会

一些家长总是担心孩子会在人际交往中受到伤害，只要看到孩子被他人欺负了，就急着去帮孩子讨回公道。有的家长希望孩子能在一个绝对安全、完美的世界中成长，为此不惜让孩子与外界隔绝。孩子迟早要走向社会。在过度保护下成长的孩子，社交能力是非常弱的。

🔊 社交能帮助孩子调整自己的行为

举个例子：一个孩子比较霸道，在家里受到爷爷奶奶的溺爱。如果一直在这样的环境中成长，这个孩子会越来越专横。这个孩子在和其他孩子一起玩耍的时候，会要求其他孩子都听他的。但其他孩子有自己的选择，他们只和自己喜欢的人一起玩耍。这个孩子就会逐渐地被排除在团体之外。孩子如果想融入圈子，通常会调整自己的行为，他知道什么样的行为是大家喜欢的。

如果一个孩子爱打人，他就会受到其他孩子的排挤，还有可能被其他孩子打。这样，孩子就能明白自己打人的行为是不被接受的，也尝到了被打的滋味，从而约束自己的行为。

孩子和小伙伴一起玩，其实就是在社交。家长如果介入过多，就会打破孩子们之间的社交规则。如果一个孩子觉得游戏规则不公平，他可以选择离开。孩子会逐渐懂得，世界不会以他为中心。

🔊 要舍得把孩子交给社会

当孩子在学走路的过程中摔跤时，很多老人为了安抚孩子，会去打地、打桌子、打椅子，怪这些东西让孩子摔跤了。这其实是在培养孩子推卸责任的"能力"。家长可以先让孩子自己站起来，然后抱抱孩子，并告诉孩子："宝宝是不是因为走路不小心撞到桌子了？以后要小心点哦！"不要说孩子还小，什么都不懂，家长的一言一行，都会影响孩子性格的养成。

在学校里，我经常会看见这样的情况：俩家长因为孩子之间的矛盾吵得不可开交，而俩孩子已经乐呵呵地在一起玩耍了。就像有一次课间，有个孩子告诉我，班里有两个男生在打架。之后，我问这俩孩子怎么回事儿，他们俩异口同声地说："没什么事啊！"我笑笑说："你们是在闹着玩吗？"他们点点头。

家长要舍得把孩子交给社会。社会要求孩子具备团队合作精神、集体荣誉感等，而这些精神需要孩子在与他人相处中习得。

让孩子闲下来

有一天，我和学生们聊有关作业的话题。我对学生们说："回到家以后，你们尽快把作业做完。做完作业以后，你们就可以去玩了。"一个学生接话说："不是这样的。如果我很快完成了作业，妈妈就会让我再看一会儿书，或者再让我做额外的作业，很少让我去玩。"这个孩子的话说明了一个现象：一些家长很少让孩子闲下来玩耍，总是把孩子的时间安排得满满的。

"孩子一闲着就乱玩，一点儿长进都没有，还不如多做点儿题，多背会儿书呢！"

"孩子一闲着就光知道玩，浪费时间，不如我帮孩子安排好时间。"

"孩子一闲着就光知道出去玩，还是把孩子关在家里学点儿东西比较好。"

一看到孩子闲着，有的家长就觉得心里不踏实，就会想各种办法让孩子忙起来：做完学校作业以后，再做两张卷子；回家没事干，再多报几个辅导班。看到孩子忙得团团转，家长就觉得心里很踏实："我的孩子终于没有浪费时间。"而我认为，这些家长让孩子牺牲了宝贵的独处时光，让孩子放弃了提升自我管理能力的机会。

任何人都要有独处的能力，跟自己的内心相处，这样他才能知道自己是谁。有的孩子被家长安排着前行，匆匆忙忙地应对着周围的一切，忘了跟自己的内心相处。

一些家长一方面希望孩子有自我管理的能力，另一方面却替孩子操办了一切。孩子就像一部机器一样执行着家长的命令。当有一天家长想放手让孩子进行自我管理的时候，孩子却不知道如何安排自己的时间。

家长要让孩子空下来，要让孩子有漫无目的的玩耍时光。玩耍能够促进自我疗愈和自我成长。在玩耍中，儿童发展了社会交往能力，治愈了自己，他的内心是充实的、快乐的。请让你的孩子闲下来，发会儿呆，瞎玩一会儿，时间会给你最好的回馈。

你的孩子被强制娱乐了吗

某天下午，我看见我的孩子正在跟他的小伙伴一起玩耍。于是我听到了这样一段对话：

"我们玩游戏吧。"

"我的手里握着一把剑，你的手里拿着什么呢？"实际上他们俩人手中什么都没有。

"那我的手里也握着一把剑。"

"我的这只手里握着一个盾牌，你也得有一个盾牌。"

"好吧，那我也有一个盾牌。"

"好吧，开始吧。"

于是，一场想象的决斗开始了。手持剑和盾牌的士兵们开始了战斗，激烈又好玩。两个孩子就这样一来一回玩了很久。

我又想起了班里学生们玩耍的场景：几个人聚在一起，你扮演一个角色，我扮演一个角色，一场有意思的游戏就开始了，甚至都不需要任何道具，他们也玩得津津有味。

在学校里，如果你问孩子们："你们在干什么事时会开心？"他们一定会说："自由活动。"任何时候，你只要让孩子们自由活动，就会看到各种各样的游戏、各种各样的玩法。看到这里，一些家长认为孩子们在疯玩。

🔊 孩子需要的玩耍方式

为了避免孩子们疯玩，我们发明了团队游戏。为了避免孩子们乱来，我们给他们编排好了小组。为了让孩子们有音乐素养，我们开设了音乐课。为了让孩子们会画画，我们开设了美术课。可是，如果你问孩子们："你们喜欢音乐课、美术课、团队游戏课吗？"可能一些孩子会告诉你："不喜欢。"为什么？这些课明明是让孩子们唱歌、画画、玩游戏的，孩子们怎么会不喜欢呢？其实孩子们不是不喜欢唱歌、画画、玩游戏，而是不喜欢按照成人规定好的方式唱歌、画画、玩游戏。

在玩团队游戏的时候，总有孩子不遵守纪律，不是因为他不懂规则，而是因为他不想按照规则来玩。

在上音乐课的时候，总有孩子捣乱，不是因为他音乐素养差，而是因为他不喜欢以那样的方式唱歌。

在上美术课的时候，总有孩子不想画，不是因为他天生不喜欢绘画，而是因为老师不允许他画想画的东西。

我们教授孩子们这些娱乐的技能，目的是为了让孩子们用正确的方式去做，而不是为了让孩子在做的过程中获得快乐。

一些喜欢唱歌的孩子，不喜欢唱老师教的歌曲，喜欢唱流行歌曲，喜欢唱自己瞎编的小调。

一些喜欢画画的孩子，喜欢到处涂鸦，却不喜欢上美术课。

一些喜欢玩游戏的孩子，不喜欢玩团队游戏，喜欢天马行空、不拘一格的自创游戏。

孩子的以上行为被一些家长统称为"胡闹"。

🔊 多一些自主娱乐的时间

一些家长忽视了孩子胡闹的背后是快乐，是能量的释放。

如果我们只让孩子们在我们的指挥下完成指定的动作或作品，那么孩子们的想象力和创造力迟早会消失。如果我们只让孩子们在我们指挥下歌唱，那么，孩子们迟早会厌倦音乐。

我们应该放手让孩子们自创一些游戏，少一些团队游戏，放手让孩子们自由涂鸦，放手让孩子们自由哼唱。一段时间以后，孩子们的成长速度远比我们想象的更迅速。

点燃孩子学习兴趣的火苗吧

面对孩子，一些家长很头疼地说：

"这个孩子就是不想学啊！"

"这个孩子什么时候知道学习呢？"

"不想学""不知道学"的孩子大多是因为缺乏学习的动机。学习动机是一种发自内心的欲望，想要学习，想要变好。一些家长想尽一切办法激励孩子。然而孩子还是一副不想学的样子。难道这样的孩子就无可救药了吗？别着急下判断。

🔊 相信孩子的求知欲

家长要相信孩子是好学的，是有好奇心的，是有探索欲望的。一旦遇上了自己感兴趣的事情，孩子大多会开心地完成这件事情。孩子们最感兴趣的课是什么呢？大都是可以动手操作的实验课或者手工课。

然而，在孩子们学会摸索之前，一些家长就已经剥夺了孩子自我探索的机会，并将流程统统告诉孩子，让孩子按照这样的流程去做。在这样的教育模式之下，那些听话的、乖巧的孩子能够掌握一些知识，而那些不安分的孩子往往表现出一副不爱学习的样子。一些孩子在非常有限的空间内探索这个世界，还经常被大人们斥责"不务正业"。孩子的"正业"是什么呢？大多数家长认为孩子的"正业"就是认真听课、认真做作业、认真考试。

🔊 如何激发孩子的学习兴趣

一些孩子因为不知道努力的意义而对学习不感兴趣。那么，家长该如何激发孩子的学习兴趣呢？

首先，要从孩子真正感兴趣的东西入手。家长要在日常生活中多观察孩子对什么东西感兴趣。家长发现孩子对什么东西感兴趣之后，就可以尝试从孩子感兴趣的东西入手，把孩子的兴趣变成学习生活的一部分。记得小时候，我的一个同学，学习成绩非常差，但是他很喜欢研究电路，能够用普通的二极管做成有趣的小玩意儿。物理老师发现这个同学的兴趣以后，就积极引导他，让这个同学燃起了学习物理的热情。就这样，物理老师通过适时的引导，成功地激发了这个同学的学习兴趣。结果，这个同学因为自己的兴趣爱好爱上一门课，又因为一门课爱上学习。如果家长懂得去寻找孩子真正感兴趣的东西，并适当引导孩子，那么孩子会变得更加积极，勇于探索。

　　其次，不要企图去阻止孩子的一些痴迷狂热的爱好。比如有的孩子喜欢研究史前生物。关于这些史前生物，生物教材涉及不多，也基本不作为考试内容。但孩子就喜欢花费大量的时间去研究。一些家长就认为，孩子浪费了很多用来刷题、复习的时间。甚至有的家长会阻止孩子继续研究这些东西。明事理的家长可能会对孩子说："对于你研究的东西，我们不反对。但是，你是否适当控制一下，将自己的一部分精力放在学科学习上？"一些家长认为，孩子如果在某一方面特别投入，就不会均衡发展。但实际上，如果孩子的学习成绩不够突出，却痴迷于某一项研究，那项研究恰恰就是支撑他的点。孩子只有在某个地方获得了足够多的信心，才会有勇气去尝试其他的东西。如果家长执意掐断孩子唯一痴迷的点，那么他对学习的兴趣和热情就随之被掐断。有的家长指望一个失去学习兴趣的孩子努力学习，这难道不是一种妄想吗？

　　如果家长正确地引导孩子，那么孩子的学习兴趣就能被激发。星星之火，可以燎原。

"该做的事"和"喜欢做的事"

我认识的一个小姑娘，她有很多喜欢做的事情，其中之一就是画画，但她也有很多不喜欢做的事情，其中之一就是做作业。她觉得自己不开心，因为她要做一些自己不喜欢但是该做的事情，很少有时间做自己喜欢的事情。一个人在做自己喜欢的事情时永远不会嫌弃时间太多。为了多做一些自己想做的事情，小姑娘和她妈妈斗争了很久。其实孩子大都是这样，喜欢做自己想做的，不喜欢做自己不想做的。"喜欢做的事"往往与一个人的个性有着密切的关系。一些家长很难接受孩子"喜欢做的事"，因为这些家长认为，如果任由孩子做他自己喜欢的事，学业就可能会荒废。一些家长坚持让孩子做"该做的事"。

🔊 寻找平衡点

如何让孩子在"该做的事"和"喜欢做的事"之间找到平衡点呢？家长首先做到共情与理解，接下来再和孩子一起处理这个问题。家长想要孩子做"该做的事"，必须先尊重孩子"喜欢做的事"。家长允许孩子做他自己喜欢的事，并且告诉孩子"我能够理解你"，接着告诉孩子，在现实生活中，必须先做完"该做的事"，再去做"喜欢做的事"。如果人人都只做自己喜欢的事，那么就没有人去处理那些烦琐的事情，这个世界的秩序就可能混乱了。

🔊 "喜欢做的事"是孩子的动力源泉

家长不能只让孩子做"该做的事"，因为如果孩子只做"该做的事"，他会得不到精神的满足，找不到生活的意义。"喜欢做的事"是孩子的动力源泉。孩子要在"该做的事"和"喜欢做的事"之间找到平衡点。

你的孩子找到平衡点了吗？你准备和孩子一起解决这道难题吗？

允许孩子保留点儿实力吧

"你如果再努力一些，一定会更棒的！"

"我希望你能拼尽全力，越来越优秀！"

"你如果能发挥出自己最大的实力，就会变得更棒！"

"这个孩子的学习能力是挺强的，就是不够努力。如果这个孩子学习再认真一点儿，那么他的学习成绩一定会拔尖。"

有的家长非常着急地说："这个孩子就是不愿意拼尽全力学习。他为什么就不能拼尽全力呢？他为什么就不能发挥到最好呢？"

对于以上这些话，你是不是很熟悉？

🔊 竭尽全力不能常态化

家长都希望孩子在学习上竭尽全力。毕竟孩子已经在赛道上了，理应拼命地奔跑。跑不动是因为孩子的能力有限，不好好跑就是因为孩子的态度有问题。一些家长用尽全力"鸡娃"，天天在后面催孩子："你用功一点儿，再用功一点儿啊！"

但是家长这样做真的对吗？孩子真的需要每时每刻都拼尽全力吗？如果孩子在小学阶段就拼尽全力，那么家长可能很快看到效果——孩子的学习成绩名列前茅。但是，等孩子上了高年级以后，这些家长就可能会收获恶果——孩子厌学。如果一个孩子像打了鸡血一样地学习，从不知道休息，那么他可能会有两种结局：一种结局是累死了也没成功；另一种结局是短期内成功了，结果没多久就累趴下了。

人生就像是一场持久的马拉松比赛，不在于起跑时的速度，而在于耐力。你见过哪个跑马拉松的人一开始就铆足劲儿拼命跑的？谁不知道在这条漫漫长路上保存实力呢？跑步如此，孩子的学习亦如此。孩子们需要持续奔跑，才能得到想要的人生结果。谁能坚持到最后，谁才能取得真正的人生成功。

🔊 持久战需要留存实力

只要孩子的学习成绩还没有差到让你无法接受的地步，你就要允许孩子保留一些体力和精力。学习就像是一场马拉松比赛，不是百米冲刺，百米冲刺的爆发力只能用在刀刃上，不能常态化。

可是一些家长希望孩子一直保持冲刺的状态。孩子不是机器，他需要储存一些能量，并在关键时刻使用，赢得制胜一击。你要知道，一直冲在最前面的孩子是很累的，他背负着很沉重的偶像包袱。一个长期年级排名第一的孩子，如果有一次考试没考好，他得承受多大的压力啊！而一些成绩中等的孩子就不会有这么大的压力，他只要花费一些精力，保持中上的学习成绩即可。家长不必因为孩子没有用尽全力冲到最前面而懊恼，留存一点儿实力是一种理想的学习状态。

第六章

千万要避开这些养育误区

今生我们都是第一次做家长。很多育儿观念是代代相传的。家长有没有仔细思考过，有多少育儿经验是错误的，有多少育儿经验是被曲解的？本章内容将帮家长找出一些育儿误区，让家长的育儿方法更科学，让家长的育儿成效更显著。

21 天养成一个好习惯，这是真的吗

"双减"之后，家长需要把更多的时间和精力放在孩子的习惯培养上。说到习惯培养，一些人的第一反应就是 21 天养成一个好习惯。很多人觉得 21 天可以养成一个好习惯，这是真的吗？

我认为，21 天养成一个好习惯，并非统计学事实。有研究者称，养成一个好习惯不一定需要 21 天，其真实的时间成本因人而异，且差异极大。一些人有过这样的体验，想要坚持每天早起，结果坚持了一个多月，就再也坚持不下去了。曾经有个朋友告诉我，他为了养成早起的习惯，坚持了九个多月，最后还是以失败告终。这种差异是因为每个人发起改变的动机和意愿强烈程度不同。

习惯难度有区别

想让一个平时很邋遢的孩子学会整理，想让一个很讨厌朗读的孩子每天早读，想让一个坐姿不正的孩子坐得端正一些，这些都需要家长花费很多的时间和精力。这些习惯的养成绝不是仅需要 21 天，可能 210 天后，家长才会看到一点点效果。但凡家长监督的力度稍微宽松一些，孩子分分钟被打回原形。要想让孩子养成好习惯，家长需要持之以恒的监督。

好的习惯需要巩固

孩子良好习惯的养成不仅需要时间的积累，还非常考验家长的智慧，需要家长不间断的关注和积极的强化。家长关注和强化的最终目的是让孩子巩固好习惯，让新养成的好习惯深深地印在孩子的脑海中，成为一种自然而然的行为方式。

就像滴水穿石一样，孩子的习惯养成也是需要时间的，它需要家长日复一日的陪伴、监督，凝聚每一滴水的力量才能铸就日后的奇迹。

孩子那么小，他能记住什么呢

我发现一些家长还没有充分意识到早期教育对于孩子的重要性。我说的早期教育不是指早教，而是家长对 3 岁以下孩子的陪伴和关爱。

🔊 不可忽视早期养育

一些家长为了拼事业，在孩子很小的时候就将孩子交给长辈抚养。等到孩子要上小学了，一些家长才意识到孩子需要接受教育了，于是便把孩子接到自己身边管教。这时候家长却发现孩子不听自己的话，也不跟自己亲近。

人们常说："生身之恩大于人，养育之恩大于天。"在孩子成长的早期，"养"的作用很重要。家庭教育的一切问题都源于"养育"。有的家长会疑惑："孩子那么小，他能记住什么呢？孩子应该早就忘了在婴儿时期照顾他的那个人吧。"恰恰相反，孩子早期的依恋对象和依恋模式能够决定他将来的发展方向。家长在养育孩子的过程中，并不全是和谐美好的时光，一定会有沮丧、茫然无助的时候。正是这样一把屎一把尿、一口菜一口粥养大的孩子才真正是你自己的孩子啊！

🔊 恒河猴实验

研究者们把小猴子关进一个笼子里，并用两个假猴子替代真母猴。这两个假母猴分别是用铁丝和绒布做的。实验者在"铁丝母猴"的胸前放了一个可以提供奶水的奶瓶。而"绒布母猴"的胸前没有奶瓶。刚开始，小猴子多围着"铁丝母猴"喝奶，但没过几天，小猴子只有在饥饿的时候才会去找"铁丝母猴"，在其他的时间，它都和"绒布母猴"待在一起。

研究者们还发现，在这个笼子里长大的小猴子性格极其孤僻，很难和其他猴子建立亲密关系。接着，研究者们对实验进行了改进，为小猴子制作了一个可以摇摆的"绒布母猴",并让小猴子每天都和真正的猴子一起玩耍。改进后的实验表明,这样哺育长大的小猴子心智基本正常。

这个实验给我们的启示是:家长对孩子的养育不能仅仅停留在吃饱的层面,还要给孩子提供触觉、视觉、听觉等多种积极刺激,让孩子感受到家长的存在,与孩子建立安全的依恋关系,并让孩子获得安全感。父母是孩子天然的依恋对象。如果你在孩子很小的时候,觉得孩子什么都记不住时,把孩子托付给其他人,那么这就相当于你阻断了与孩子联结的通道。当你再想与孩子建立亲密关系时,难度就非常大了。

人的意识发展是非常复杂和神奇的。我们能意识到的、能记住的只是自己的一部分人生经历,还有一部分人生经历是我们自己意识不到、记不住的。而一些记不住的人生经历决定了我们是谁,如何应对所遇到的问题。不要小瞧那些记不住的人生经历,也千万别说"孩子那么小,他能记住什么呢?"。记不住的东西不代表对孩子没有影响。

孩子很聪明，就是懒啊

"这个孩子，不是不聪明，也不是学不好，就是懒啊！"家长该怎么管教懒小孩呢？这的确是一个值得我们深入思考的问题。

懒惰只是态度的问题吗

家长在平时是怎么对待懒孩子的呢？有的家长对着懒孩子说一堆大道理，希望他能够改正。这些家长认为，孩子懒是因为态度不端正，所以，骂孩子一顿，再给孩子讲一堆道理，就能一语点醒梦中人。懒真的只是态度的问题吗？我认为，有些孩子的懒并只不是态度的问题，特别是孩子在学习上的懒。

我发现，那些学习成绩好的孩子一般不会懒。懒到极致，连抄写作业都不做的孩子，一般来说学习成绩不会好。有的家长会说："孩子就是因为懒，所以学习成绩不好。也就是说，懒是学习成绩差的因。只要孩子改掉懒的毛病，学习成绩就会好起来。"其实我们不能把"懒"和"学习成绩"简单、绝对地进行因果分析和归类。我们只能说，"懒"和"学习成绩"之间是一个因果循环，至于哪个是因，哪个是果，就很难辨别了。

"懒"带来的负面影响

请家长不要随意地给孩子下一个"他就是懒"的定论。这样的定论会让孩子理所当然地享受这个"懒"的过程。在这种情况下，家长的指责也好，打骂也罢，都只会让孩子认为自己就是懒。孩子会把自己所有的失败都归为一个"懒"字。家长千万不要对孩子说"你就是懒，其实你很聪明"之类的话。

家长如果希望自己的孩子克服自身懒惰的坏毛病，就要求孩子从小事做起，从自身做起，让孩子有克服困难的勇气。

如何让孩子更有上进心

一些家长认为，哪怕孩子做得再好，也不要让孩子知道自己做得好。于是有的家长会这样对孩子说："你这次考得不错，九十九分。但是你别骄傲啊！你为什么丢了一分呢？下次要好好考啊！"当孩子考试考砸时，一些家长还会暗自窃喜："他平时太得意忘形了，这下知道要好好学了吧。就让这张很难的卷子给他一个下马威，让他知道自己有多差。"

一些家长的想法是，如果孩子知道自己有多糟糕，就一定会"知耻而后勇"，一定会加倍努力，因为他们愿意相信孩子会努力奋斗，越挫越勇。而事实上呢？你的孩子不是司马迁，也不是韩信，忍辱负重、忍气吞声、默默努力奋斗的戏码八成不会上演。你或许会看到一个自暴自弃、破罐子破摔的娃。

韩信也好，司马迁也罢，他们面对的是自己的仇人，只能怀揣着仇恨，发愤图强。家长不是孩子的仇人，家长是孩子的家人。如果家长总用羞辱的语言让孩子感觉很差，那么孩子很难不对家长心生怨恨？

什么是家人？家人应该不遗余力地帮助孩子，无论在任何时候都会给孩子鼓劲儿，给孩子前进的动力。仇人的打击会让孩子感受到无限的愤恨，从而激发斗志。但家人的打击只会让孩子怀疑自己，从此一蹶不振。

骄傲使人落后，打击使人落后，还有没有使人前进的东西呢？当然有啊，那就是鼓励！家长一定要打心眼里觉得孩子的表现很棒，时时看到孩子的优秀之处，并且时时让孩子感受到关注、欣赏的目光。这样，孩子会比较愿意接纳家长的建议，并认真地改正自己的缺点。鼓励会让孩子更有上进心。家长要想让孩子不甘于平庸，就要鼓励孩子，唤起孩子的激情和欲望。

既然选择了，就一定要坚持吗

如果家长不给孩子培养几个兴趣特长，孩子好像就很难在学校有展示自己的机会。无论是琴棋书画，还是德智体美，家长希望孩子样样精通。大多数家长会这样告诉自己的孩子："这是你自己选择的兴趣班。你既然选择了，就一定要坚持下去。"然后孩子似懂非懂地点点头。于是，家长不惜花费重金和时间，陪孩子上兴趣班。但是问题来了，孩子在上兴趣班的过程中感到枯燥乏味，觉得自己坚持不下去。所以，很多过来人说，哪里有坚持到底的孩子，只不过是有坚持到底的家长。的确是这样，孩子能否坚持到底，考验的是家长。如果孩子真的不想上兴趣班了，家长准备怎么办呢？既然选择了，就一定要坚持吗？

🔊 孩子的喜好会改变

首先，我认为，"既然选择了，就一定要坚持"，这并不是真理，有时放弃也是一种人生智慧。我们不能把"坚决不放弃"当作教育孩子的金科玉律。孩子始终是在发展变化的。或许当年那个喜欢画画的幼儿园小朋友，在上小学以后，就不喜欢画画了。

🔊 基本功很重要，体验感也同样重要

很多特长的确需要童子功。但是我们得分清：是童子功重要，还是快乐的体验更重要？如果孩子的痛苦程度已经超出了他自己能够承受的范围，并且没有丝毫快乐可言的话，我觉得这个"坚持"就没什么必要。毕竟，在生活中，孩子还可以找到自己喜欢的其他特长。

练好一样本领的确需要承受一定的痛苦，但这不等于孩子要每时每刻都承受痛苦。如果孩子每时每刻都在承受痛苦，那么孩子不是在练本领，而是在炼狱。

如果孩子的确喜欢某个特长，就是偶尔会因为练习太枯燥而想放弃，家长可以让孩子继续练习，这只是孩子在成长之路上必然要经历的痛苦。家长必须和孩子一起坚持，并用实际行动告诉孩子，能够坚持下来的人生有多美好。

如何确定孩子是否可以承受练习之苦

家长在让孩子坚持到底的过程中，一定要确保孩子可以承受练习之苦。那么，家长该怎么评判孩子是否可以承受练习之苦呢？我们可以用一个简单的测评方法来为孩子评估一下。比如，当有一天，孩子告诉家长："妈妈，我真的不想练琴了，求求你不要再让我上课了！"

这时候家长可以问孩子以下几个问题：

1. "如果世界上最痛苦的事情是 10 分，对于练琴这件事情，你会打几分？"

2. "如果世界上最高兴的事情是 10 分，让你放弃练琴，你会打几分？"

3. "如果世界上最舍不得的事情是 10 分，让你放弃练琴，你会打几分？"

这时，家长就要根据孩子的分数考虑：是不是该让孩子停止练琴啦？

如果家长选择让孩子放弃练琴，那么请家长一定做好孩子的解释工作。

家长可以对孩子说："经过慎重考虑以后，我同意你放弃练琴的想法了。既然练琴对你来说是难以忍受的痛苦，那你就先放弃一段时间，这就意味着你以后可能没有办法随手弹出一首好听的曲子。当你看到别人能够流利地弹奏出一首乐曲的时候，我希望你不会后悔。同时，我希望你考虑发展一下其他特长。不要轻易放弃练习。我希望你能知道坚持的意义。"

总之，特长可能是一些孩子必备的社会技能。同时我们更希望这项特长能够成为滋养孩子心灵的源泉。"坚持"的确能让孩子明白一些宝贵的道理。

孩子考试考砸了，家长怎么办

每当孩子考完试，最想跟老师询问孩子成绩的一定是家长。当孩子考得好时，有的家长就忙着庆祝；当孩子考得不好时，有的家长就各种"秋后算账"。如果你的孩子考试考砸了，你可以和孩子一起分析考试失利的原因，也可以批评孩子，但是一定要避免以下三种做法：

🔊 预言失败式

一些家长的典型口头禅是："让你不听我的，现在好了吧！"

"我早就跟你说过了，你在复习的时候要再仔细一点儿。你偏不听，还说不会考那么细的。是不是这次考试就考到了？"

"在这次考试前，你要是听我的，多背背单词，也不至于有这么多的拼写错误。"

…………

总之，一些家长就如事后诸葛亮一般地谴责孩子没有好好听取自己的建议，他们希望用这样的方式让孩子们记住："不听爸妈言，吃亏在眼前。"这其实是非常错误的教育方式。孩子在听了家长的这番话以后，并不会像家长想的那样，觉得家长说的话对，今后要听家长的，他的想法可能是："哼，你又不是每次说的话都对！为什么你总是这样对我说话？我就不听你的，你也不能把我怎么样！"甚至有的孩子跟家长的对立情绪越来越严重，直到最后跟家长对着干。

🔊 数落责骂式

这些家长，不管问题出在哪里，就开始数落孩子：

"你这次考得这么差，一定是因为最近玩游戏玩多了。今后你不准玩游戏！"

"你这次考得这么差，一定是因为心思不在学习上，天天光想着怎么偷懒。

今后你要更认真地学习！"

"这段时间你对待学习的态度明显松懈了。我给你的自由时间太多了。你今后在学习上要抓紧一点儿！"

因为家长的盲目归因，所以有的孩子会非常反感地对家长说："你根本不知道我学习成绩差的真正原因，就知道瞎说，自以为是。"接着，有的孩子就向家长关闭了沟通的大门。

🔊 瞎操心式

"你这次考得不好，妈妈给你找了几个培训班，我觉得它们挺适合你的，你好好利用假期补习一下吧。"

"你这次英语考得很不好，妈妈拜托了一个很好的英语老师帮你补习，你一定要好好利用这次机会啊！"

…………

家长为孩子安排好了各种补习班，目的就是让孩子快速地提高学习成绩。这些家长希望孩子能够在失败中吸取教训，好好努力，把自己的学习成绩提高上去。孩子会怎么想呢？孩子可能会这样想："什么，又是培训班？你问过我的意见吗？你真的觉得我上了培训班以后，就能提高学习成绩吗？你知道这些培训班让我很头疼吗？"

以上是一些家长错误教育孩子的方式。那么，在孩子考砸以后，有什么好的应对办法呢？

1.接纳孩子，理解孩子

家长们一定要知道，没有一个孩子希望自己考砸。如果孩子考砸了，那么家长先别急着数落孩子，可以先听听孩子的想法。

孩子考砸了，说几句气话，比如，"我再也不要好好努力了！""我真的很笨，怎么也考不好！""我再也不想学英语了！"，这些都是很正常的反应。

家长静静地听完孩子说的气话，可以这样对孩子说："你考砸了，心里难过，我能理解你。"家长不要急着否定孩子的一些消极想法。家长接纳孩子，理解孩子，孩子自然就会慢慢地接纳家长的意见。这样，家长接下来的工作就变得容易了许多。

2.帮助孩子分析问题出在哪里

家长不要一开始就说孩子哪里哪里不好，要先听听孩子怎么说。家长可以这样问孩子："你觉得问题出在哪里呢？"孩子可能会自己分析一下原因。等孩子分析完原因后，家长千万不要说："我早就说过这些话了。"请家长一定要咽回去这句话。等孩子分析完原因后，家长需要点点头，表示赞同。家长如果需要补充一些原因，就可以这样对孩子说："我还需要补充几点内容，你想要听听吗？"如果孩子同意听家长说话，那么家长就心平气和地和孩子一起分析考试失利的原因。

"要是你上课发言再积极一些就更好了！"

　　每当给学生们写评语时，作为班主任的我总是绞尽脑汁。在给学生们写评语时，总是先写点优点，再提点意见，这是老师们一贯的套路。对于一些孩子的评语，我思来想去，总要加上一句："要是你上课发言再积极一些就更好了！"写上这一句话以后，我就觉得评语的内容总算是完整了。

　　在跟一些内向孩子的家长交流时，以前的我总是会说："要是他上课发言再积极一些就更好了！"而一些家长也极其关注孩子在上课时是否积极发言，总是会问："老师，他在上课时会不会举手发言？""老师，如果他发言不积极的话，请您多叫他回答问题。"

🔊 不强迫孩子发言

　　不管是老师，还是家长，为什么都那么在意孩子是否举手发言呢？大概是因为我们觉得一个积极发言的孩子一定是在积极思考的，一定是跟着老师的思路走的，不会出现走神的情况，比那些不发言的孩子听课效率高。所以，在公开课上，老师们希望看到孩子们将手举得高高的，争着发言；在家长开放日时，家长们希望看到自己的孩子积极举手回答老师的问题。

　　一些老师或者家长经常提醒那些上课不积极发言的孩子："你在上课时要多发言啊！"

　　后来，多年的教学实践经验告诉我：有的孩子很少在课堂上发言，但这并不代表他不专心听讲，甚至比那些在课堂上积极发言的孩子学习成绩好。每个班总有几个认真学习但是不爱发言的孩子。在以往的观念中，积极发言是一名优秀学生必备的品质。但是，现在的我改变了自己的观点。我不再要求那些内向的孩子一定要在课堂上积极发言。

🔊 积极发言并不一定都对孩子有益

与此同时，在那些喜欢积极举手发言的孩子身上，我也发现了很多问题。一些喜欢积极举手发言的孩子不善于倾听，他们只是争着举手，并不能说出多么好的答案。这种孩子往往没有进行深入的思考，他还用这种积极发言的态度来误导老师或家长的判断。有的老师很喜欢热热闹闹的课堂，希望孩子们活跃起来、讨论起来、积极发言，很少关注孩子是否真正思考、是否真正学习。

如果有一天，家长看到老师对孩子的一句评语"要是你上课发言再积极一些就更好了！"，不要着急，也不要担忧，可以认真地问问孩子："你为什么不发言呢？对于其他同学说的内容，你都听到了吗？你喜欢站起来发言的感觉吗？"

课堂不是孩子表演的场所，而是孩子学习知识的场所。有的孩子喜欢表达，有的孩子喜欢倾听。尊重孩子的个性发展，孩子才会闪现智慧的火花。

会打游戏的孩子一定能学习好吗

面对自己的孩子，一些家长有一种迷之自信："我家孩子最可爱！""我家孩子最听话！""我家孩子最灵巧！"为了证明自己的孩子是聪明的，一些家长还会从蛛丝马迹中寻找证据："你看，我家孩子这么小就会数数，真是天赋异禀。""我家孩子这么小就能记住这么多东西，真是超过常人。""我家孩子很爱看书，将来的学习成绩肯定差不了。"这是家长对孩子的美好期待，毕竟家长都希望自己的孩子是优秀的。

面对学习成绩不佳的孩子，有的家长仍然不放弃寻找各种证据，以此证明孩子是有能力学好的。有的家长甚至会说："这孩子不笨，他打游戏很厉害！面对那么复杂的游戏，他都能闯关成功，这就说明他很聪明。如果孩子能好好学习，那么他的学习成绩一定会超过别人。"这些话听上去很有道理，但事实上呢？

🔊 爱玩游戏的孩子

我所教的班里有一个学习成绩不太好的孩子，对难的知识点有畏惧感，放学回家后就开始玩游戏。我特意问这个孩子的妈妈："你家孩子在玩游戏时是一种什么样的状态呢？"这个孩子的妈妈说："他会重复玩自己已经通关的游戏。一旦游戏难度提高了，他就会放弃通关。"对于这个孩子来说，玩游戏只是一种消遣的方式。

如果家长要求爱玩游戏的孩子一直打游戏，中途不能休息，并且要在规定的时间内通关，达不到要求就要受到惩罚，那么这个孩子能坚持多久呢？当打游戏变成一项任务并且更具有挑战性时，一些爱玩游戏的孩子会很快败下阵来。

🔊 学习与玩游戏的本质区别

当玩游戏变成一项任务时，为什么一些爱玩游戏的孩子会打退堂鼓呢？因为这时候的游戏不再只是一种消遣的方式，而是需要孩子运用智慧、勇于挑战、反复尝试才能完成的一项任务，这和学习的要求是一致的。

家长不可盲目地认为会玩游戏的孩子就一定很聪明，就一定能学习好。更严重的后果是，当家长反复这样说的时候，有的孩子就会这样认为："我玩游戏这么厉害，肯定也能把学习搞好，我只是不学习而已。一旦我开始努力学习，谁都不是我的对手。"孩子就会在自我麻痹中渐渐荒废自己的学业。

考试结束后的狂欢，要不得啊

每当最后一场期末考试的结束铃声响起的时候，就是满校园欢呼声响起的时候，孩子们疯狂地为即将到来的假期欢呼。与其说孩子们用极尽疯狂的行为来表达自己内心的喜悦，不如说孩子们用这样的行为来表达解脱与自由的感觉。

孩子在考完之后狂欢得多热烈，就意味着学习给孩子带来的痛苦有多深。有的孩子本来没有感到学习的痛苦，但是看到别人在考试完狂欢后，就自觉加入到狂欢者的行列中。如果孩子感觉学习是痛苦的，他就会厌恶学习。面对一个已经厌恶学习的孩子，我们要想培养他的学习内驱力，是非常困难的。

一些孩子会将学习和考试画上等号，他们觉得学习的最终目的就是为了应付考试，只要考试结束了，就可以把课本、复习资料统统扔掉，因为这些东西让他们不快乐。有的孩子说，他就是为了考试而学的知识，考完之后就会迅速忘光所学知识，这种错误的认知对于孩子后期的成长毫无益处。

随着升学竞争压力越来越大，有的孩子被反复告知：这个知识点是必考点，为了考试拿高分，必须把这个知识点背下来。为了应付考试，必须会做这些题目。有的孩子被反复灌输的理念是：学习是为了考试。一些孩子没有学会将知识点延伸，没有自己独特的想法。

作为家长，我们不能让孩子把考试当成紧箍咒，把学习当成五行山。

父母之爱子，则为之计深远。家长要让孩子明白学习不是为了考试，考试结束后也不代表解脱。孩子应该避免考前的激烈冲刺和考后的突然放松，要把考试的日子当成平常的日子去对待，不要"严阵以待，如临大敌"。

家长在孩子小的时候就告诉他："考试只是一次检验，只要在考试的时候发挥出来自己平时的实力就好了。"在孩子考完之后，家长不要刻意营造喜悦的氛围，可以跟孩子一起分析一下本学期的收获，以及还需要在学习上做哪些调整。

盲目补习，不如"补心"

在很多人眼里，差生就是某一类孩子的标签。本文所指的差生是指学习困难的孩子。差生到底差在哪里？是因为他不够聪明吗？在教育实践中，我发现，差生和优等生之间并没有多么明显的智力差异。那么，究竟是哪些因素导致了一些孩子变成差生的？

🔊 非智力因素的影响

其实有很多非智力因素会影响孩子的学业表现。研究发现：在正性应激量上，差生与优等生之间并没有显著差异。但是，差生的负性应激量显著高于优等生的。也就是说差生充满了负能量。也有研究发现：一些差生在认知加工过程、行为、情绪等方面存在问题。所以，在对差生进行教育干预的过程中，家长应该综合考虑认知与非认知因素。家长在辅导这些差生的时候，请不要把学业辅导放在第一位，而应该关注这些差生的行为和情绪。一个孩子只有对所学充满热情，才有可能充分调动自己的学习力。

🔊 减少负面言语伤害

差生不是需要多表扬，而是需要少批评。家长千万不要觉得这些孩子是"油盐不进，刀枪不入"的，只有猛批评才能改变他们。有的家长认为："我的言语如果能够刺痛孩子，就一定能够改变孩子。"殊不知严厉的批评有可能会刺伤孩子，导致孩子一蹶不振。其实，有的孩子就像一个充满气的气球，家长用针一扎，孩子便泄气了。试想一下：一个恶语相加的老板能够激发你的斗志吗？当然不能。那么，你凭什么认为被严厉批评的孩子就能斗志昂扬呢？

差生更需要"补心"

一看到自己的孩子学习成绩差，一些家长的第一反应就是："我得找几个厉害的老师，给孩子补补课。"有的家长为孩子花了很多补课的钱，却看不到效果。

是孩子的脑袋真的不灵光吗？不一定是。但如果孩子对学习不感兴趣，再多的补习班对孩子来说都是无益的。给孩子补习的老师如果仅关注孩子的学业，就算将功课做得再精细、再有针对性，也很难提高孩子的学习成绩。

家长需要做的是为孩子"补心"。"补心"是一个漫长的过程。家长该怎么为孩子"补心"呢？家长要让孩子喜欢自己，让孩子有自信，尊重孩子，欣赏孩子。这说起来很简单，做起来很难。正因为难做，所以一旦家长做到了，就会有很好的效果。

"老师，这学期我让孩子自己负责了。"

一说到孩子的作业问题，一些家长就有一肚子的苦水：

"孩子就是拖拖拉拉，不愿意做作业啊！"

"天天陪孩子做作业，我都快把命搭进去了！"

"为什么要家长陪着孩子做作业呢？"

作为老师，我始终认为：不能让家长过度参与孩子的作业。但是我觉得家长还需要适度关注一下孩子的作业，至少要确保孩子按时完成作业，不能放任孩子不做作业。

🔊 孩子不能为自己的事负责

面对一个不能按时完成作业的孩子，如果我去问孩子的家长，家长大多会这样说："老师，孩子跟我说他做完作业了。"有的家长会这样对我说："老师，我知道这个事情了。我让孩子自己负责作业的事情，自己承担后果。"为什么家长会这样做呢？大多是被孩子逼的。有的家长吃力不讨好，每次催孩子做作业，都会被孩子各种怼。家长一生气，就会对孩子这样说："我不管你了，你要为自己的行为负责！"

于是，家长和孩子都当真了。你认为孩子真的能为自己的行为负责吗？当然不能啊！孩子怎么会因为家长的一句"后果自负"，就能养成良好的学习习惯呢？孩子之所以是孩子，就是因为他们真的负不起责任。引导和监督孩子是家长推卸不了的教育责任。

🔊 家长要承担教育孩子的责任

反复叮嘱、督促自己的孩子，是家长不得不做的事情。任何一个养育孩子的成年人都会经历鸡毛蒜皮的琐碎。如果孩子不自觉，家长就需要检查孩子有没有做完作业。如果孩子不自律，家长就需要安排好孩子的课余时间。如果孩子不自省，家长就需要经常性地对孩子进行思想教育。

我希望家长在孩子大脑发育不成熟、自制能力不强、是非观念淡薄的时候，能够陪在孩子身边，不要过早地对孩子放手，不要过早地让孩子为自己的行为负责。

长处和短板，如何平衡

木桶原理告诉我们：一个木桶的储水量取决于这个木桶最短的那块木片。如果我们把这个木桶比喻成孩子的话，为了装更多的水，他就应该补齐短板，全面均衡发展。于是，人们基于木桶原理，让孩子拼命补齐自己的短板。一个数学成绩很差，但擅长跑步的孩子，被家长告知："最好不要再去练跑步了，你又不可能跑成世界冠军，还不如用那些时间做数学题呢！"从某种角度来讲，我不认同这位家长的做法。

🔊 树立自信

基于木桶原理，要求孩子放弃自己的优势，全力补足短板的做法是不可取的。首先，孩子是一个有思想的人，他不是木桶。全力补足短板，这意味着孩子需要将更多的精力放在那些自己不擅长的项目上。孩子即便花费了大量的精力，也不一定能补足短板。

有的家长一定会说："你这样说是不对的。对于不擅长的科目，孩子一定需要补啊！"对于这个问题，我想先从自信心的角度去解读。如果家长让孩子补薄弱的数学，而让孩子放弃自己擅长的跑步，那么，对于这个孩子而言，他就失去了成就感的来源。也许这个数学成绩不佳的孩子，唯一的支点就是跑步。如果家长把这个支点拿走，孩子或许就无力撬动自己的人生了。

我认为，智慧型的家长应该让孩子无限放大自己的优势。即便孩子将来不靠这个优势吃饭，他也能靠着这个优势获得自信。如果孩子能在兼顾发扬优势的同时，适当地补一些短板，自然是最佳的选择。可是在这个世界上，两全其美的事情并不多。在面临优势的发挥和短板的弥补之间的矛盾时，请你一定记住：无论在任何时候，都不要忘了"扬长"。

🔊 发展方向更明晰

根据木桶原理，要想使木桶盛的水多一点儿，就应该加长最短的木片或者更换长木片。说得再直白一点儿，最好每块木片都是长的。但在这个世界上，人们都有自己的短板。越是长短不一的孩子，在面临人生抉择的时候，就越应该明确自己的发展方向。

家长不必太纠结孩子的短板，可以让孩子在发扬优势的同时，适当地补一些短板。

人生就像搭桥过河，如果只能用一条板子来搭，有一块最长的板，是最高效便捷的。

一年级老师都不教拼音吗

有一类孩子，没有暑假作业，没有任何学业负担，但是他们的家长比其他人都紧张，他们就是即将升入一年级的孩子。

"我家的孩子还不会拼音啊！"

"我家的孩子还不识字啊！"

"我家孩子连 10 以内加减法都不会啊！"

"听说别人家的孩子都在学拼音。"

"听说小红已经认识一千多个汉字了。"

"听说小明已经会熟练计算 20 以内加减法了。"

🔊 一年级老师都不教拼音吗

从这些对话中可以看出，这些家长产生了一种叫作焦虑的情绪。这种焦虑情绪裹着道听途说的言论，就产生了一则谣言，那就是一年级老师都不教拼音。听信了谣言之后的家长，就让孩子上幼小衔接班，提前学会拼音。有的家长还会到处打听：

"哪里的幼小衔接班好一点儿啊？"

"孩子要多久才能学会拼音啊？"

"上幼小衔接班，除了学拼音以外，还要学点什么啊？"

于是很多还没真正走进小学教室的孩子，就已经开始学拼音了。刚开学，老师们面对的就是一群已经学会拼音的孩子。这群孩子拿到教材以后都没有了新鲜感。

"我都学过这个拼音了！"

"这些知识太简单了，我早就学过了！"

奶声奶气的声音难掩孩子的自豪感。

　　小学一年级上学期的主要教学内容一定是拼音。没有一个老师会因为大部分孩子学过拼音了，就不教拼音了，都会认认真真地教孩子们学拼音。

🔊 孩子提前学会了拼音，可以帮老师减轻负担吗

　　孩子提前学会了拼音，是不是就可以帮老师减轻负担呢？作为一个老师，我的答案是不可以。学校已经安排好了教学任务，老师要按照课时安排授课。如果老师一个学期都不教课本内容，那么他该教什么呢？

　　如果班级里有一大部分的孩子学会了拼音，这简直是对老师的一种极大考验。如果孩子们都不会拼音的话，好奇心会驱使他们坐下来认真地听课。而现在，一些学过拼音的孩子，觉得自己都学会了，上课不注意听讲，还会骚扰其他同学，扰乱正常的教学秩序。你能忍受这样混乱的课堂秩序吗？提前学拼音的孩子真的能给老师减轻负担吗？

　　孩子在学习知识时，第一印象非常重要。孩子如果在第一次学习某个知识点的时候就发生了问题，今后再想纠正时就比较困难。课外辅导班的师资水平参差不齐，你不知道这些老师有没有教学经验，有没有研究教材，有没有错误地引导孩子。

　　学校的老师都是经过正规培训的，在基本教学常识上发生错误的概率要比课外班的老师低很多。提前让孩子学拼音、学认字，大多是因为家长太焦虑了。家长应该摆脱焦虑，相信自己孩子的学习能力，相信学校老师的教学能力。

　　我们的老师真的会想尽一切办法教孩子们识字、写字。只要孩子不是特别笨，家长真的不需要在孩子的学习方面花太多的精力，大部分的孩子能够跟上老师的教学节奏。

　　我不担心孩子不会拼音、不识字，我担心的是：有的孩子可能还没迈进小学校园，就已经厌恶甚至恐惧学习，这将是一件糟糕至极的事情。一年级老师真的会教学生们拼音。

第七章

差生的教育

"差生"，一个扎眼又心酸的词，家长因为这个词恨铁不成钢，孩子因为这个词抬不起头来。差生不爱学习，喜欢上课睡觉，真的是这样吗？差生脸皮厚，可以被随便批评，真的是这样吗？走进差生，你会发现，孩子变成差生是有原因的。差生的世界或许跟你想的不一样。差生更需要家长的理解和包容，更需要家长的鼓励和支持。家长需要做差生的保护伞，让这些差生不差，让这些差生对未来充满希望。

做个差生不容易

有一次我心血来潮，找了一个学生帮我调查班里那个被批评得最惨的差生。

这个学生给我的反馈是：他调查的差生叫小力，一个调皮的男生，经常被老师批评。有一天早上，小力因为没做好语文作业，被语文老师批评了一顿。小力又因为没做好数学作业，被数学老师批评了一顿。

后来，我又让这个学生问小力："你每天都被老师批评，是什么感觉呢？"小力无所谓地说："就这样，习惯了呗。"我问这个学生："你觉得小力的处境怎么样？"这个学生告诉我："我觉得他挺惨的。"

看到这里，有的家长一定会说："像小力这种学习成绩差的孩子，没有责任心，总是不做作业，如果老师不批评他，他怎么长记性啊？"

🔊 被逼出来的差生

很多人觉得，学习成绩差的孩子脸皮厚，油盐不进，而学习成绩好的孩子被老师批评后，往往会流着眼泪表示忏悔。有的家长就会说："你看，学习成绩好的孩子就知道悔改。要是这么批评差生某某，估计他连一点儿感觉都没有。"

如果一个差生一被批评，就流很多眼泪，那么他的眼泪可能早就流光了。有的人带有非常强大的情绪恢复系统。有的孩子被批评后，转身就忘了。有的孩子一被批评，就心情抑郁。

在批评学习成绩差的孩子时，我们比较容易张开口。在批评学习成绩好的孩子时，我们不那么容易说出口。如果一个学习成绩差的孩子和一个学习成绩好的孩子做错了同样的事情，他们受到的批评是不一样的。这不是因为偏心，而是因为人的一种本能反应，就像刹车一样，车子不一样，刹车的效果就不一样。因为差生的表现一贯不好，老师在批评他时，就容易刹不住。在学校表现不好的孩子陷入了一个恶性循环的怪圈，却没有人把这些孩子从怪圈中拉出来。

🔊 用批评代替了指导

小学一年级的孩子们，眼睛是闪闪发亮的，他们觉得自己有无限的可能。而到了小学六年级，孩子们对自己的"斤两"已经很了解了，那些"沉底"的孩子就不再期盼突破自己了。孩子们之所以会有这样的变化，是因为外界的评价影响了他们对自我的认知。

最开始，那些表现不佳的孩子并不知道自己为什么表现不好，他们只知道自己在努力学习，却不断有人指责他们做得不好；他们只知道自己做得不好，却不知道怎样才能做好。

"你今天怎么回事，怎么表现得这么差？"

"你是怎么搞的，总是考不好！"

"你能不能让我省点心，总是有老师来告状！"

"你赶紧去做作业！你为什么又磨磨蹭蹭的？！"

"你现在不做作业，准备什么时候做？"

"我让你做语文作业，你为什么拿数学作业？"

"你怎么还没写完作业呢？"

面对这样一连串的批评，孩子到底应该怎么做呢？

那些表现不佳的孩子，需要的不是指责，不是呵斥，而是明确的指导。

呵斥会给孩子带来什么呢？呵斥会让孩子无所适从，久而久之，这个孩子就不知道自己做什么是正确的，不知道自己该怎么做才能让家长满意，于是他决定什么都不做，选择逃避家长的监管。有的家长就会批评这个孩子不上进。孩子的不上进，很大程度上是因为周围环境的逼迫。

如果你有一个不求上进的孩子，那么你就可以问问他："你在学校收到各种负面评价时，有什么感觉？"或许，你能从孩子的答案中发现孩子的另一面。那些油盐不进的差生，其实内心是痛苦的。

为孩子撑起一把伞

做一个差生难，做一个差生的家长更难。差生的家长是一个承受着很大压力的群体，他们的态度和方法影响着差生的心理状态。学优生得到的支持非常多，但差生就不一定了。家长可能是差生唯一的支持者。如果家长都不理解差生，只会打击他，那么他所遭受的打击是非常沉重的。

🔊 顶住压力，不要轻易听信"谗言"

作为一个差生的家长，需要修炼的第一层功力就是：不要轻易听信"谗言"。何为"谗言"？就是这种："你的孩子很差！""你的孩子真不行！""你的孩子真令人担忧啊！"……

当家长被老师约谈时，一般情况下，老师都会讲孩子的问题。以老师目前的工作量来看，老师绝对不会没事就找家长闲聊的。之所以约谈家长，肯定是因为老师觉得孩子有需要改正提升的地方。在这种情况下，老师所提供的信息基本上是负面的。大部分被约谈的家长，不会保持理智，在回家后责骂或者暴揍孩子一顿。

作为一个家长，心理的修炼是很重要的，既要做到在任何时候都能够接受别人对孩子的负面评价，又绝不让这种负面评价影响自己的情绪。家长一时的情绪宣泄可能会让孩子有永远抹不去的心理阴影。

差生家长必须学会淡定，不能听风就是雨，要为孩子遮风挡雨，而不是给孩子带来更大的风雨。面对学习成绩差的孩子，家长要扛得住，始终坚信：孩子只是学习成绩差，并不是无药可救。孩子的人生不会因为学习成绩差而一败涂地，家长的人生也不会因为学习成绩差的孩子而糟糕至极。

🔊 做孩子的盔甲

家长可以批评孩子，可以要求孩子，但不能把外界的负面评价成倍地加在孩子身上。在孩子遭遇风雨的时候，家长应该做孩子的雨伞，为他撑起一片天，这样孩子不至于狼狈不堪，缺少前行的勇气和力量。

很多时候，孩子会因为承受不了心理压力而倒下。在这种负面的重压之下，孩子很难有翻身而起的能力。此时，家长需要帮孩子分担和化解这些压力。

作为家长的你会非常不容易，动不动就有人告诉你该怎样教育孩子，只是因为他的孩子比你的孩子出色；动不动就有人告诉你，你对孩子太溺爱，你对孩子没原则，你对孩子太放纵。但事实是，你们拥有的并不是同一个孩子。

给予孩子爱，给予差生更多的爱。

给予孩子理解，给予差生更多的关怀。

关注孩子的表现，更要关注差生的内心。

"我只是一个学习不好的孩子，不是一个坏孩子。"

　　小时候的我是一个标准的"乖孩子""好学生"，在老师的眼里是那种永远都不会做错事情的小孩，喜欢跟学习成绩差的同学一起玩耍。

　　对于学习成绩差的学生，这里有两种截然不同的评价：

　　一种是来自大人的评价：很差、坏、不要好。

　　另一种是来自周围同学的评价：讲义气、纯真、好玩。

　　然而，我也眼睁睁地看着一些很讲义气的同学违反校纪校规，打人，偷东西。因此，那时的我反复地思考一个问题：什么样的人是坏人？什么样的孩子是坏孩子？

🔊 学习成绩差的孩子就一定是坏孩子吗

　　如今的我已经是一个站在讲台上十余年的老师了。我观察了许许多多的孩子，也走进过很多孩子的内心。我仍旧像学生时代那样喜欢和差生聊天。放学后，我会把当天没完成作业的孩子留下来，这些被留下来的孩子多半是学习成绩差的孩子，而且往往是男孩子。久而久之，我跟他们接触的时间就多了，他们也喜欢跟我聊天。通过跟这些孩子长时间的接触，我发现：这些孩子除了学习成绩不好以外，在其他方面都表现得挺好的，他们有趣、懂得感恩等。

　　说一件令我十分感动的小事情。有一次，一个学生没有完成作业，在征得学生家长同意后，我一直陪着他补作业，直到晚上六点多钟。那时恰是冬季，在晚上六点多钟时，天已经完全黑了。看着小家伙吭哧吭哧地补完作业，都没吃晚饭，我就给了他几块巧克力。过了很长一段时间，这个学生在自己的作文里就提到了这件事情。每年教师节，在回来看望我的孩子们当中，很多都是当初成绩垫底的孩子，他们似乎比一些学习成绩优秀的孩子更懂得感恩，更懂得满足。

🔊 学习成绩差的孩子是怎么"变坏"的

　　学习成绩差的孩子是怎么变成别人眼中的坏孩子的？大概的历程是这样的：因为自身能力以及家庭教育环境等原因，这些孩子的学习成绩差，最初他们想要学好，但是学不好，在他人的频频打击下，认定自己是一个很差的孩子。一个很差的孩子应该是什么样子的呢？是继续发奋努力吗？自然不是。一个很差的孩子不要脸面吗？当然要啊！于是，"不上进"就成了这些孩子挽回尊严的最后一招："我就是不上进，你也不能把我怎么样！"

　　这些孩子从学习成绩不好变成了厚脸皮，逐渐地变成了人品有问题的人。在这个过程中，成人有很多次介入和干预孩子问题的机会。家长可以帮助这类孩子选择其他的上升通道，让他知道即使学习成绩不好，也一样有未来。

　　家长可以告诉这类孩子，因为学习成绩不够好，他承受了很多不公正的待遇，但这并不是他成为坏孩子的理由，任何人都无法主宰他的人生，命运掌握在他自己手中。

　　家长可以告诉这类孩子："我可以成为你最信任的那个人，我会一如既往地给你勇气和力量，我会支持你追寻自己的目标，我是这样说的，也是这样做的。"

　　写到这里，我真的希望每一个家长都能对自己的孩子说："你有自己的特点，你是一个很好的小孩。"

　　好孩子都是被温暖大的，而坏孩子都是被逼出来的。

那个被人嫌弃的孩子也是未来社会的建设者

如果孩子表现不佳，有的家长就会非常着急。如果孩子持续表现不佳，有的家长就会逐渐对孩子失望，耗尽了心血以后，就会慢慢地放弃这个孩子。殊不知，那个被人嫌弃的孩子也是未来社会的建设者。

适合学习的孩子将被筛选出进入高等学府。那些学习能力弱的孩子无法通过层层筛选，自然就被高等学府淘汰。即使被高等学府淘汰，这些学习能力弱的孩子也终将长大成人，在社会上找到一席之位，成为社会的建设者。

🔊 那些弱弱的孩子终将长大成人

那些被成人嫌弃的孩子，长大成人之后，也会组建家庭，生儿育女，成为某个孩子的爸爸或妈妈，担负起照顾家庭的责任。那些从小就被忽视、缺乏他人关爱的家长，能很好地成为一个家庭的顶梁柱吗，能成为一个温暖而有力量的人吗？

在家访的过程中，有的家长会跟我说："老师，其实我小时候不是一个好孩子。至于孩子身上的那些毛病，我小时候也有。我没办法改变我自己，更没有办法改变我的孩子。"也就是说，这些家长在小时候不是一个表现好的孩子，有了孩子之后，他们也不知道该怎样为孩子提供一个很好的成长环境。

一些孩子在小的时候承受着学业的压力，被忽视，被同龄人瞧不起，他们在这样的环境中成长，非常不自信，也没有找到让自己变得更好的办法，他们听到的大多是负面的评价，看到的大多是别人的成功和自己的失败，他们可能长期觉得自己不值得被爱。这些孩子长大成人以后，真的可以很好地胜任家长的角色吗？

🔊 学业可以有差异，人格不应有缺陷

　　一些学习成绩优秀的孩子被选拔出来进入高等学府深造，以便创造出更大的社会价值。对于那些被筛选下来的孩子，我们也不能忽视培养，应该教会他们如何面对困难，如何正确地看待失败与成功，如何发挥自己的潜能。我们应该善待这些孩子，培养他们健全的人格。

　　有让家长感到欣慰的孩子，也有让家长感到懊恼的孩子。孩子们之间有个体的差异，但绝不能有人格上的缺陷。

　　那个表现不如人意的孩子，终有一天会长大，成为一个家庭的顶梁柱。请家长一定要善待那个弱小的孩子，让他健康长大。

获得认同是孩子变好的第一步

我问大家一个问题："是让孩子变好更容易，还是让孩子变得更好更容易呢？"这句话听起来很拗口。那么我换一种说法："是让孩子由差到好比较容易，还是让孩子由好到更好比较容易呢？"我想，很多人一定会说："当然是由差到好比较容易，进步空间大嘛！"那么我再问大家："孩子是更愿意改正自己的缺点呢，还是更愿意在自己的强项上努力变得更强呢？"大部分的孩子更愿意在自己的强项上努力，以便获得更多的成就感。

🔊 破窗效应

破窗效应是犯罪学的一个理论，该理论告诉人们：环境中的不良现象如果被放任存在，会诱使人们效仿，甚至变本加厉。如果有人打坏了一扇窗户，又没有人及时修理这扇窗户，就会有人去打坏更多的窗户。这个效应跟我们的一句俗语——破罐子破摔，有异曲同工之妙。反正不是一辆好车了，踢上两脚又何妨。反正已经坏了一扇窗户，再砸一扇也没关系。当你发现这个东西的性质已经从好变成不好的时候，你连打理一下它的心思都没有了。

让孩子由不好变好，就如打破破窗效应一样，从心理层面上来说这是一件特别困难的事。然而，家长希望孩子知耻而后勇："你已经那么差了，难道不应该更努力一点儿吗？"一些家长毫不掩饰地告诉孩子"你在某一方面有多差"，并希望用这样的方式激发孩子的斗志。家长越是这样说，有的孩子越会自暴自弃。

🔊 获得认同是孩子变好的第一步

有什么好的解决问题的方法吗？我先给大家举一个例子。比如你现在要给某位女士推销一款洗发水，这款洗发水的主打功效是让头发更柔顺。你准备怎么推销呢？对于以下的两个方案，你会选择哪个？

方案一：仔细分析这位女士的发质，并强调她的发质不够理想，需要这样的洗发水来维护一下。

方案二：仔细分析这位女士的发质，并把较多的时间用在夸赞她的发质上，比如头发很有光泽、很强韧之类的，再问问她愿不愿意了解一下这款洗发水。

我猜，有人会选择方案一。方案一的思路就是你先指出这位女士的发质不好，然后这位女士会想让发质变好，就会来买这款产品。然而，当你指出这位女士的发质不好的时候，这位女士就已经在内心里排斥你了。你的不认同会让这位女士认为你就是企图推销产品骗钱的。

而方案二的思路就是你通过夸奖这位女士的发质，获得这位女士的认同，让这位女士愿意花钱让自己的头发更加柔顺。我就曾经被这样"套路"过一次。有一次我去理发店，明明只是想剪个头发，没想到遇到一个"套路"较深的理发师，不停地说我的头发有多好。然后我就莫名其妙地顺杆儿爬，花钱做了很多不必要的项目，还觉得挺开心。

后来，我深入思考以后发现：如果你想让一个人接受你的意见，那么你就一定不能贬低他，认同他是你需要做的第一步。对待孩子也是一样的道理。家长如果想让孩子在某一方面变得更好，就得看到孩子在这一方面还没有差到极点。孩子如果已经差到极点了，得有多强大的内心才能正视自己的缺点并改正呢？接着，家长需要不停地夸奖孩子在这方面的优势，让孩子产生"我要变得更好"的想法。孩子有了想法后才会行动。孩子如果连变好的想法都没有，又谈何改变呢？

被贴标签的孩子还能改变吗

我们都挺讨厌别人给自己贴标签，却又不由自主地给孩子贴标签。并不是说标签本身有什么问题，而是这种评价本身会让孩子不由自主地靠近这个标签。

🔊 贴标签的弊端

如果家长给一个孩子贴上"话多"的标签，孩子便开始爱说话。如果家长给一个孩子贴上"不懂事"的标签，孩子就会显示出自己有多淘气。这种贴标签的行为很容易影响孩子的自我认知，让孩子错误地认为自己就是这样的人。家长如果仅仅是因为孩子的一次失误，就给孩子贴上某个标签，会让孩子偏离正确的发展方向。孩子在被家长贴标签以后，有可能会固化思维方式，不利于自身发展。这是家长们都不愿意看到的结果。有很多家长会下意识地控制自己不给孩子贴标签。但贴标签这种事，并不是不说就代表没有。有时候家长的一句话、一个眼神、一个语调就足以给孩子贴上标签。

🔊 帮孩子撕掉标签

如果孩子已经被贴上了标签，那么家长该怎么办呢？

首先，家长需要寻找机会，让孩子看到一个全新的自己。如果孩子经常忘带自己的学习用品，也经常弄丢自己的东西，被贴上了"爱忘事"的标签，家长就试图找找孩子记住了哪些事情，这应该不难。比如其他人都忘了这件事，唯独孩子记住了，这时候家长就可以夸奖一下孩子："我们都把这件事忘记了，你却帮我们记住了，多亏了你。"孩子就会觉得自己的记忆力不差，感觉到自己被信任和被需要。

其次，让孩子无意中听到家长对他的正面评价。当孩子做了一件不错的事后，家长可以让孩子在无意中听到自己对他的正面评价，比如说："今天我们家孩子在我做饭的时候帮我洗菜了，还把厨房打扫得很干净，真的很能干。"这种不当面表扬孩子的方式或许会比当面夸孩子的方式效果好。不经意的背后夸奖反而显得更加真诚。

最后，家长可以表达自己的感受。如果孩子还是不断重复原来的错误行为，家长该怎么办呢？不要急着再次给孩子贴上标签，家长可以试着表达自己的感受。当孩子因为家长没有给他买玩具而大喊大叫时，家长可以直接说出自己的感受："你这样的行为让我很不舒服，我希望你能够理智一些。"家长要尽可能地不给孩子贴标签。

帮助孩子从不同的角度去认识自己，并从一个固定的角色中解放出来，这真的不是一件容易的事。在育儿的道路上，家长肯定会遇到很多阻碍。有的孩子会经常做出让家长失望的事情。这时候家长要克制自己的情绪，不去强化孩子的负面行为。在育儿的道路上，请家长多一点儿耐心，多一点儿育儿的智慧。

资质平平的孩子该何去何从

诚然，家长们都希望自己的孩子能够成才。而很多家长需要接受一个现实：自己的孩子终将平凡。

一开始，有的家长觉得自己的孩子简直是一个小天才，那么小的孩子就会数数、唱歌、画画……后来有的家长绝望地发现，别人家的孩子并不比自己的孩子差，甚至更好……入学后，孩子们之间的差距就慢慢地拉开了，就有了所谓的"学霸"和"学渣"之分。

如果你的孩子在学科学习方面资质平平，是不是你就可以放养孩子了呢？

如果你的孩子看上去没什么出人头地的希望，是不是你就可以听之任之了呢？

当然不是。你如果真的这样做的话，就走到了另外一个极端。

🔊 教育的作用

教育在人类的进化过程中扮演着重要的角色。教育的目的是让下一代超过上一代，先让孩子超越家长，再让孩子超越自己，挖掘出孩子的最大潜能。如果孩子缺乏教育，他的智力发育水平就会明显落后。家长是家庭教育的实施者。

我总结了以下三种类型的家长：

第一种类型：发现孩子在某一方面有天赋，家长却不知道培养。

第二种类型：发现孩子在某一方面有天赋，家长顺势去培养。

第三种类型：发掘孩子潜在的天赋，家长去培养。

第一种类型的家长当然是不称职的，发现孩子的天赋，却不知道培养，这样会耽误孩子。大部分的家长属于第二种类型。如果孩子喜欢画画，那么家长就创造条件让他去学画画。第三种类型的家长，应该很懂得观察自己的孩子，一定是非常用心的人，能够发现孩子可能存在的天赋。

不管是第二种类型的家长，还是第三种类型的家长，都不是盲目跟风的家长。

"我的孩子之所以去学钢琴，是因为其他孩子都在学钢琴。"

"我的孩子之所以去学钢琴，是因为他的乐感和节奏感都是不错的。"

同样是学钢琴，家长给出的理由是不同的，这反映出不同的教育观。

一些家长盲目地听信智力测验，认为这种智力测验可以测出孩子的潜质。个体的智力水平呈现正态分布，有智商高的人，也有智商低的人。孩子的学科成绩在一定程度上与孩子的智力水平呈正相关。曾经有这样一篇报道：一个妈妈一心望女成凤，但她的女儿智商平平。这位妈妈不甘心，给自己的女儿报了各种辅导班。她的女儿每天面对的都是学习。她的女儿虽然在学习上表现得很吃力，但没有辜负她的期望，最终考上了很好的大学，毕业后找到了一份不错的工作。但她的女儿天生能力有限，在一次工作失误后，这些年来承受的所有痛苦迸发了，最终选择了自杀。她的女儿在她多年的高压逼迫下没有感受到一丁点儿的快乐。

试想：一个人如果感受不到快乐，即使上了名牌大学，拥有了高薪的工作，也没有什么意思。当然，这是一个极端的案例。但是，在现实生活中，不快乐的孩子到处都是。

🔊 多元智能，多种发展

那么，一些智力平平的孩子该怎么办呢？著名的心理学家加德纳，给家长指明了前进的方向。加德纳开创性地提出了多元智能理论，他认为人类的智能是多元化的，而非单一的，包括八种智能：言语语言智能、数理逻辑智能、视觉空间智能、身体运动智能、音乐韵律智能、人际交往智能、自我认知智能、自然观察智能。这八种智能在每个人身上以不同方式、不同程度组合，使得每一个人的智能各具特点。

我们的社会需要的是不同智能的人才。即使你的孩子学业表现平平，也请你一定找到孩子的闪光点，用那个闪光点鼓励孩子树立自信。

第八章

家长的态度影响孩子的成长

家长的状态会影响孩子的表现。家长在面对孩子的时候，常常容易将个人的情绪传递给孩子。焦虑、紧张、羞愧等负面情绪很容易影响孩子的健康成长。如果家长不消除自己的不良情绪或者不纠正自己的错误态度，孩子的问题便会越来越严重。希望本章内容能够改变家长对孩子的一些看法，助力孩子健康成长。

育儿，是为了孩子，还是为了面子

每当开学季来临时，一些家长就开始焦虑。尤其是一些幼升小的家长，时常不自觉地拿自己家的孩子和别人家的孩子做比较：

"你家孩子认识多少字啦？"

"你家孩子都会背乘法口诀啦！"

"你家孩子都学完拼音啦！"

"这么一比较，自己家的孩子简直太逊色了。不行不行，我得给孩子补补课。收起来孩子的乐高积木，藏起来孩子的轮滑，抓紧让孩子补习。"

🔊 忽视孩子身心发展的规律

一些坚信"不让孩子输在起跑线上"的家长，在孩子很小的时候就让孩子认字、学算术。这些家长认为，孩子认的字越多，算得越快越准，就是聪明的表现。但这些家长忽视了孩子的身心发展规律。

其实，孩子不仅可以在课堂上学习，还可以在课堂以外学习。对孩子们而言，学习内容不只是包括认字、计算。孩子们在探索外界的过程中构建着自己对这个世界的认知，以便为将来的发展打下坚实的基础。

有的家长为了让自己的孩子比别人家的孩子看上去优秀一点儿，就对孩子采取填鸭、强化、灌输的教育方式。孩子也努力迎合家长，学会了很多具体的知识，却渐渐失去了探索外界的能力。

🔊 别为了满足虚荣心而伤害孩子

为什么一些家长会逼着孩子"抢跑"？一个很重要的原因是这些家长为了满足自身的虚荣心。

一些家长就是嘴上说说："我对孩子没有学习成绩的要求，只要他健康快乐就好了。"而事实上，孩子要想健康快乐，需要满足很多条件，学习成绩不能太差，至少要学习成绩中等；性格要阳光，积极向上；不能有坏习惯；等等。名校毕业的家长可能会生出学习成绩差的孩子，性格阳光的家长可能会生出性格孤僻的孩子，工作效率高的家长可能会养育出一个做事拖拉、缺乏责任心的孩子。

🔊 合理的预期成就健康的孩子

为什么一些家长那么焦虑呢？我觉得这是因为家长对孩子早就有了理想中的设定："我希望自己的孩子将来成为什么样的人。""我觉得自己的孩子应该是什么样的人。"然而，这一切仅仅只是家长的设想而已。

你可以问问你的父母：他们当初希望你成为什么样的人？他们觉得你会成为什么样的人？你现在的形象和他们当初想象的一致吗？再请你扪心自问：你真的愿意或者有能力成为父母希望的那个样子吗？

家长在教育自己孩子的时候，一方面要看孩子的意愿，另一方面要看孩子的能力。面对一个没有某方面意愿的孩子，家长想要扭转他，就像强按一头不渴的牛去喝水一般吃力。面对一个没有某方面能力的孩子，家长要想让孩子在某方面努力达成目标，就像强迫一条鱼去爬树那么困难。家长如果用尽自己所有的力量去纠正孩子的行为，就会发现自己特别害怕失败。家长用实际行动感动了自己，却发现改变不了孩子时，就能真切地体会到什么叫作崩溃。

一些家长依靠别人对孩子的评价来获得满足感。养育一个优秀的孩子，家长脸上是有光的。而养育一个糟糕的孩子，有的家长会觉得丢脸。这就是一些家长的价值观，这样的价值观决定了这些家长在逼迫孩子变得优秀的路上一去不返。

家长如果打着"为孩子好"的旗帜在逼迫孩子成长的路上越走越远时，就会误以为自己所有的付出都是为了孩子。从某种意义上来说，一些家长就是通过孩子来满足自己的自尊心。最后，我希望所有家长的教育行为可以真正地为了孩子，而不是为了自己的面子。

家长的焦虑正在影响孩子的成长

在育儿的路上，"焦虑"是一个高频词汇。一些家长将自己的教育焦虑转嫁到了孩子身上。焦虑真的会传染。青少年焦虑问题的产生与家庭因素有着密切的关系。高度焦虑型家长更容易养育出焦虑型的孩子。

🔊 焦虑是如何传递的

首先，高度焦虑型家长的自身状态令人担忧。在面对挫折的时候，高度焦虑型家长大多会采取抱怨、逃避的方式。这种处理问题的方式本身就让人们有一种不安全的、消极的情绪体验。每当有重要的事情发生时，孩子总是能体验到高度焦虑型家长所制造的紧张氛围，久而久之，他会感受到压力，容易焦虑。这就好比你身边总是有一个人，时时刻刻地跟你说："哎呀，怎么处理这件事情呢？我好紧张啊，我好害怕啊！"虽然你一开始并不觉得很紧张，但是经过他这么一念叨，你也不自觉地开始紧张起来。

其次，高度焦虑型家长树立了一个负面形象。家长是孩子的第一任老师。孩子在很大程度上能够习得家长的一些处理问题的方式。在面对一些复杂的情况时，高度焦虑型家长的第一反应就是焦虑、暴躁。如果孩子发现家长总是用消极的情绪状态应对困难，那么他自然就会用这种消极的情绪状态面对压力和挑战。焦虑就这样被传递着。

再次，高度焦虑型家长由于长时间处于焦虑的情绪中，他们所采取的育儿方式多以拒绝、控制为主。换句话说，一个高度焦虑型家长，他没有足够的能量去包容、去关怀一个孩子，他可能把大部分的精力放在应对自己的焦虑上，当他的孩子需要耐心开导、细心关爱之时，他根本无暇顾及。孩子如果遇到这样的家长，就会发现自己的需求无法得到充分满足，会因此产生焦虑的情绪。

最后，高度焦虑型家长会抑制孩子的发展。如果家长不停地念叨别人家的孩子有多好，孩子会打心底里觉得自己不如别人，觉得自己欠缺某一方面的能力。

还有些家长在受到了某种外界刺激之后便对自己的孩子施加压力，比如开完家长会之后往往是孩子挨打的高峰期。这是家长在焦虑的裹挟之下所采取的冲动管教行为。这种冲动管教行为只会让孩子觉得自己是非常差劲的。这些家长通过不断地训斥孩子，迫使孩子不断地去追寻自己永远都达不到的目标。

📣 改变自己，健康育儿

说到这里，有的家长会说："我有什么办法，整个社会都是焦虑的，我也改变不了现状啊！"这的确是一个不可忽视的社会因素。虽然我们无法改变社会，但是我们可以改变自己。我们可以让孩子觉得"考砸了"不是什么大事儿，让孩子知道人生随时有弯道超车的可能，让孩子明白做错事情后不会大难临头，让孩子知道即使将事情搞砸了也有办法弥补。

家长在孩子的人生中扮演着不可或缺的重要角色，要学会控制自己的焦虑情绪。我真诚地建议那些焦虑型的家长给自己的身心放个假，给自己的情绪减个压，对自己好一点儿，也对整个家庭好一点儿。毕竟，焦虑型的家长无法真正地解决问题。家长不要让自己的焦虑成为阻碍孩子发展的绊脚石。

孩子在公共场合犯错，家长该怎么办

人人都有自尊心，孩子也不例外。家长要在公共场合给孩子留点面子。家长都明白这个道理，可是明白归明白，要想真正做到却很难。

我一个朋友家的孩子刚满 5 岁，正是淘气的时候。有一次我们一起逛商场，朋友家的孩子看到了一个玩具，非买不可。我朋友对孩子说："我们家里有一个跟这个差不多的玩具，你不能再买了。"朋友家的孩子因为自己的需求没有得到满足，就赖在地上不走。我朋友一时不知道该怎么办，就硬拽着孩子往外走，将孩子拽到门外后，一边训斥孩子，一边打孩子："我跟你好好说，你不听，非得让我揍你！"孩子顿时没声儿了，就站在那里，低着头，掉眼泪。

我拉住朋友，说："别当着这么多人的面打孩子呀！"朋友回我："他还当着这么多人的面不给我面子呢！"

对于这样的场景，我们应该经常见到。因为孩子在众人面前犯了一点儿小错，有的家长就对孩子不依不饶，批评孩子比平时厉害很多，直到孩子求饶或者落泪为止。这些家长觉得自己在别人面前完成了一次非常出色的家庭教育示范，仿佛在此宣扬："你看，我就是这么严厉地对待我的孩子的。只有这样严格的教育方式才有可能让孩子成长。"而此刻的孩子，躲在角落里，既感到难过，又感到羞耻。

🔊 维护孩子的自尊心

两岁左右的孩子逐渐意识到自己和世界是分离的，有了强烈的自我意识，认为自己是一个独立的个体。有了自我意识以后，孩子就希望自己能够得到他人的尊重和认可。一些刚上幼儿园的孩子会格外珍惜老师给的小红花，因为这朵小红花代表着孩子是一个被他人认可的个体。

一些家长嘴上说着尊重孩子，却在孩子犯错的时候不分场合地训斥孩子。一些家长明明知道不能伤害孩子的自尊心，却又觉得不能错失教育孩子的时机。一些家长明明知道在教育孩子的时候不能小题大做，却在众人面前越教训孩子越带劲儿。

🔊 转变两种观念

在大庭广众之下，如果孩子犯错误了，作为家长的你该怎么办呢?

首先，你要明白，家庭教育不是示范给别人看的，别人也并不想看你是怎么教育自己孩子的。

当你的孩子犯错时，你千万不要产生"周围的人都在看着我。我一定要严格一些，不能让别人觉得我是一个没有原则的溺爱孩子的家长"之类的想法。事实上，大多数人并不想看到被你训得哇哇大哭的孩子。所以，你没有必要当着他人的面教训自己的孩子。与其做一个说一不二的家长，不如做一个给孩子留面子、维护孩子自尊心的家长。家长要时刻谨记自己的出发点是为了教育孩子，而不是为了维护自己好家长的形象。

其次，你不要觉得孩子是那个让你丢脸的人。有的孩子因为在商场里看到好玩的玩具而赖着不走时，如果周围没有人，一些家长就会耐心地劝说孩子几句；如果周围有很多人围观，一些家长觉得丢人，就会打骂孩子，或者带着孩子匆匆离开现场。当你的孩子出现这种情况时，你要冷静地告诉自己："我的孩子一定不是唯一一个因为看到好玩的玩具就赖着不走的，不听话、没自制力的孩子有很多。"当你适时地这样劝说自己时，你就不会觉得自己的孩子是最丢人的，自然不会恼羞成怒，也不会打骂孩子。

当然，我也希望少一些看客。如果你看到一个孩子犯错了，请你不要好奇地看他的父母是怎么教训他的，最好的方式是默默离开，因为你的在场会让他的父母觉得难堪，你的在场会给孩子带来加倍的惩罚。你千万不要觉得自己在教育孩子的问题上很有研究，就对着其他家长指手画脚，请你克服好为人师的冲动。你的不围观，就是对孩子最好的保护，就是对其他家长最大的尊重。

别总想着别人家的孩子

别人家的孩子，好像是自己家的孩子无法超越的存在，好像是这个世界上最优秀的孩子。一些家长整日念叨的都是别人家的孩子，总是特别喜欢拿自己家的孩子与别人家的孩子做比较。别人家的孩子一定比自己家的孩子考得更好。在遇到挫折时，别人家的孩子一定比自己家的孩子更乐观、更坚强。别人家的孩子一定比自己家的孩子写字好看。别人家的孩子一定会在家长很累的时候主动做家务。总之，自己家孩子各方面的表现都不如别人家孩子的。

📢 别人家的孩子是如何影响家长的

看着刚出生的孩子，大多数家长会觉得自己的孩子是这个世界上独一无二的人，恨不得向全世界宣布："这个小孩是多么可爱、多么聪明啊！"一些家长也曾暗暗发誓："我一定要保护好我的孩子，我一定不拿他和其他孩子做比较。"一些家长看到别人家孩子会爬了，会走了，会说话了，会玩了，会自己吃饭了，会画画了，会写字了，会数数了……再看看自己家的孩子，就开始暗暗着急了："自己家的孩子和别人家孩子的差距怎么越来越大了呢？"

虽然这时候有的家长还算淡定，但心里的小鼓已经开始打起来了。在孩子上小学以后，别人家的孩子就开始统统进入家长的视线：别人家的孩子识字量那么大，会跳绳，口算又快又准，阅读习惯好……有的家长就开始审视自己是不是在教育孩子方面有问题。于是那个完美的别人家的孩子会时不时地浮现在一些家长的脑海中，打乱某些家长育儿的节奏。

当然，别人家孩子的出现并不是绝对意义上的坏事。别人家的孩子让家长在一定程度上明白自己的孩子需要在某个年龄达到什么水平，同时让家长知道自己的孩子在同龄人中处于什么水平，帮助家长全面正确地认识自己家的孩子，以便家长及时地帮助自己的孩子成长。然而，在将自己家的孩子和别人家的孩子做比较的过程中，一些家长又难免陷入焦虑的情绪中。

🔊 为什么别人家的孩子会让家长焦虑

看到自己家孩子和别人家孩子之间的差距，一些家长就开始心急。为了让自己家的孩子赶上别人家的孩子，有的家长就会对自己家孩子提各种不合理的要求。面对没有完成要求的孩子，有的家长非常暴躁，朝着孩子一顿狂吼。而孩子被家长吼得眼泪汪汪、胆战心惊。

因为家长心中始终有那个完美的别人家孩子，所以家长就让自己的孩子不停地朝着那个完美的方向奔跑。不仅孩子很累，家长也很累。时间久了，有的家长发现自己的孩子实在赶不上别人家的孩子，就开始放弃。这时候，一些家长的心里装满了别人家的孩子，心想："别人家的孩子那么好，哪像我的这个孩子啊！哎，别人家的孩子一学就会，我的这个孩子学几遍都不会。算了，我放弃了。我家的这个孩子再怎么努力也没用啊！"

作为一名老师，我通过多年观察发现：很多家长对低年级的孩子特别上心，各种督促孩子。但是到了高年级，即使发现孩子学习成绩不理想，一些家长也是一副无所谓的态度，既不跟老师沟通，也不督促孩子做作业。一些家长给出的理由是："反正我的孩子没法跟别人比了，就这样吧。"

一些家长始终关注别人家的孩子，要么对自家孩子用力过猛，要么让自家孩子顺其自然。这些家长从来就没有看过自己家孩子真正的模样，也没有从自己家孩子的实际情况出发。有的家长只知道抱怨自己家的孩子不好，很少去考虑该从哪些方面去寻求解决问题的方法。

从今天开始，我希望家长们忘掉别人家的那个完美孩子吧。家长只有真正地看到自己的孩子，才会更有信心面对自己的孩子。

家长要正确地看待孩子的学习成绩波动

要说寒假和暑假有什么区别，我想说："在寒假，家长更关注孩子的期末考试成绩。"所以，每逢寒假前的期末考试，我对班里的学生们说的最多的一句话是："加油考啊！你们如果考不好，可就难过年啦！"

其实真的是这样。孩子如果期末考试考得好，就可以走出六亲不认的步伐。孩子如果期末考试考砸了，就只能灰溜溜地回家，最好谁都不要注意到他。孩子即便躲来躲去，也躲不过亲戚们对他学习成绩的关心。

如果孩子期末考试考得好，有的家长就给孩子买玩具、发红包，用各种方式鼓励孩子，认为自己的孩子最有出息。孩子如果期末考试考砸了，想出去玩儿，门儿都没有；想吃好吃的东西，等下次考好了再说吧。总之，孩子的学习成绩能够直接关乎孩子在家所受到的待遇。

🔊 压力很大的家长

看着老师天天在群里发表扬名单，一些家长就感觉压力很大。老师表扬某些孩子，就意味着其他孩子没做好，没被表扬孩子的家长就很容易感受到批评的意味。比如一个班 30 个学生，老师表扬了 15 个表现非常优秀的学生，那么这就意味着剩下的 15 个学生表现不好。看到自己的孩子没有被表扬，家长就开始着急，甚至可能会立即私下联系老师。等孩子回家以后，家长会追问孩子原因："你到底哪里做得不好，怎么老师没表扬你啊？""昨天你被老师表扬了，怎么今天你没被老师表扬呢？你是不是退步了？哪些因素导致你退步了？你是不是上课不专心听讲啊？你是不是昨天晚上没睡好啊？你是不是有点儿骄傲了？……"于是，家长们开始给孩子上"思想教育课"。

这届家长真的不好当，需要时刻注意班级群里的任何风吹草动。一看到老师在微信群里发有关孩子的信息，众多家长立即回复：

"谢谢老师，您辛苦了！"

"感谢老师的辛勤付出，您辛苦了！"

"好棒好棒，孩子们真厉害！"

…………

一长串的信息回复背后是各种不一样的心态：

"老师发什么了？回复什么内容比较好呢？"

"别人都回了，我也赶紧回一条信息吧。"

"哎，怎么我家孩子没有被表扬呢？别人家的孩子次次都被表扬。我还得再教育一下自己家的孩子。"

一些家长希望自己的孩子次次被表扬。一些家长希望自己孩子的表现别太差，至少不能垫底，否则太丢人了。

正确地看待孩子的学习成绩波动

即使学习成绩再好的学生，也难免会出现学习成绩的波动。每一次的成绩波动，都或多或少地影响一些家长。家长该如何正确地看待孩子的学习成绩波动呢？

首先，我认为，孩子的学习成绩出现波动是正常的、普遍现象。如果孩子的学习成绩波动是在一个合理的范围内，家长就无须特别关注，可以跟孩子适当沟通一下，了解一下学习成绩波动的原因。其次，如果孩子的学习成绩波动太大，超出了正常范围，家长就一定要帮助孩子寻找学习成绩波动较大的原因，并积极帮助孩子寻找对策，慎重采用批评的态度，切忌打骂孩子。拿到孩子的成绩单，家长需要认真考量一下：这次考试反映出孩子的真实知识水平了吗？孩子这次考试失误了，这是一个非常严重的问题吗，会导致他自己今后总失误吗？孩子的状态有差异，考试成绩就会有波动。

家长要做的就是接受孩子的正常成绩波动，帮助孩子渡过难关，让孩子走出人生的低谷。

孩子的问题不能不怪家长，也不能全怪家长

有人认为，孩子的问题就是家长的问题，家长要因此承担所有的责任。也有的人认为，孩子的问题不能怪家长。

当孩子出现问题的时候，一些人会把孩子的问题都归结到家长身上，特别是承担养育责任比较多的妈妈的身上。一些人会这样说："你们家孩子身上有这么多的问题，你们是怎么当家长的？"有的爸爸会这样质疑妈妈："你就在家带个孩子，孩子怎么被你带成这样啦？"一些周围的人会这样想："这一家人怎么会教出这样的孩子呢？"听到类似这样的评价，看到别人异样的目光，有的家长会因此承受很大的压力，焦虑、自责，为孩子的问题操碎了心，孩子却没什么大的起色。

如果家长把问题的原因归咎给孩子，那么本就表现不好的孩子会表现得更加糟糕。因此，家长应该一分为二地看待孩子的问题。

🔊 孩子的问题不能全怪家长

孩子的问题不能全怪家长，也不是家长凭借一己之力就能够改变的。如果孩子有自闭症、多动症、学习障碍等问题，家长需要求助专业的心理医生。

一些家庭教育专家说："孩子之所以有问题，是因为家长的教育观念和教育方式有问题。"我认为专家的这种说法对家长们不公平。常言道："龙生九子，各有不同。"虽然是亲兄弟，但是脾气、品性、成就等大有不同。这都是因为个体之间的差异。也就是说即使处在同一个家庭教育环境中，接受同样的家长教育，孩子们在习惯和能力等方面也是有很大差异的。孩子的问题不能全怪家长，个体也应该承担相应的责任。

孩子的问题不能不怪家长

但我又想说，孩子的问题不能不怪家长。家长完全可以通过家庭教育改变孩子。家长可以教给孩子良好的待人接物的礼仪，提高孩子的自理能力，让孩子独立完成一些事情，比如让孩子学会整理书包，让孩子学会洗自己的袜子、内衣，等等。

你的孩子学习成绩可以不那么出色，因为学习能力有高低之分。你的孩子专注力可以不那么强，因为专注力有个体差异。你的孩子可以很独立，可以对外界的事物充满好奇，可以很善良。如果你的孩子专注力不强，你可以有针对性地让孩子进行一些练习，而不是无动于衷、怨天尤人。如果你的孩子理解能力不强，你可以尽可能多地陪伴孩子阅读，给予孩子一定的指导，让孩子在自己的能力范围内做得更好，发挥自己的真实水平。其实，在力所能及的范围内，家长可以为孩子做很多的事情，努力做到"尽人事，听天命"。

孩子的问题不能全怪家长，但也绝对不是跟家长没有任何关系。那么，对于孩子身上的问题，哪些问题是家长可以改变的，哪些问题不是家长可以改变的？家长是否做了足够多的努力？如果家长把所有该做的努力都做了，那么剩下的事情就看孩子自己了。

为什么孩子对家长的帮助不领情

一些家长真的操心孩子，时时刻刻关注孩子的动态。对于孩子今天学了什么，今天心情怎么样，会做哪些事情，不会做哪些事情，他们比谁都清楚。

如果我问家长："当孩子遇到自己搞不定的事情时，你会怎么办？当孩子半天系不好鞋带时，你的第一反应是什么？当孩子因为一个问题冥思苦想时，接下来你准备怎么做？"我想，一些家长下意识的反应是伸出援助之手。

有的家长沮丧地发现，自己好心帮助孩子，孩子却不领情，还会生气地对家长说："谁让你帮忙了！我马上就研究出来了！你不要总是这样！"

面对孩子的指责，有的家长会有点儿郁闷，甚至会生气地对孩子说："你老是弄不好，我就替你着急。再说，我好心帮你，你怎么可以这样说我呢！"

在生活中，一些家长将援助之手伸得越来越快，给予孩子的帮助也越来越多。而孩子呢，常常会因为家长的好心帮助而生气。家长该不该向孩子伸出援助之手呢？为什么家长好心帮助孩子，孩子反而会生气呢？

🔊 尊重孩子，不要贸然帮忙

你可以设想以下情境：你看见你的朋友正在努力思考一道题，而你看了这道题目以后，觉得这道题目太简单了，那么，你的第一反应是什么呢？你会不假思索地就对你朋友说"这道题目真的很简单，让我做给你看"吗？我想你不会这么做，因为你得顾及你朋友的面子。换句话说，在你朋友面前，你记得他是一个独立的个体，他是有自尊心的，所以你不会贸然地告诉他答案。

在面对孩子时，一些家长之所以会在孩子遇到难题的时候忍不住想去插手，是因为他们不尊重孩子，觉得孩子的尊严是无关紧要的。当孩子被家长贸然打断，被迫接受家长帮助的时候，孩子会有什么样的感受呢？孩子至少会感到不舒服，甚至会非常生气。

🔊 成就感是换不来的

有时，我们在做一件事情的时候，并不是这件事情的最终结果让我们开心，而是做这件事情的过程让我们开心。这就好比一盆花，如果是我亲自栽培的，我会特别开心；而如果是买来的，我并不会特别开心。我享受的是种花的过程，开出的美丽花朵会让我获得满满的成就感。孩子也是一样的。很少有孩子喜欢一个现成的乐高模型，大部分的孩子喜欢亲自拼插，享受拼插的过程以及满满的成就感。

当孩子正在研究如何系鞋带的时候，他可能体会到了绳结缠绕的感觉。当孩子正在冥思苦想的时候，他可能正在体会灵光乍现的美好。而家长的突然伸手，让这一切都化为泡影，孩子难道会因此高兴吗？

当孩子遇到困难的时候，家长不要想当然地去主动帮助孩子，需要先问问孩子："你需要我的帮助吗？"

孩子不是所有的时候都需要帮助，也不是所有的时候都不需要帮助。在伸出援手之前，家长需要先询问一下孩子的意见。把那个小小的孩子当成一个有独立人格的人，家长的好心才会用对地方。

孩子要不要听家长的话

　　为什么要写这个话题呢？一是因为自以为民主的家长越来越多，但他们其实不知道自己的一些做法不是代表民主，而是代表放纵；二是因为一些孩子觉得家长讲的话没有道理，不想听家长的话，想要追求人格独立，追求自由。对此，我的观点是什么呢？以我多年的教学经验来看，还未成年的孩子，最好多听听家长的话。我所说的听家长的话，并不等于无条件地服从家长。我认为"听话"和"服从"之间还是有一定的差别的。"服从"是指无条件遵从，你说什么，我听什么。而"听话"是指听从别人的建议，并且在实际行动中采纳别人的建议。

🔊 孩子要听家长话的原因

　　孩子为什么要听家长的话呢？俗话说："不听老人言，吃亏在眼前。"家长的经验和对事件的预判能力是优于孩子的。鉴于孩子是一个独立的个体，家长需要尊重孩子的选择。但是，如果家长没有原则地尊重孩子的选择，那么孩子可能会付出沉重的代价。

　　有的家长自以为很开明，说："我是不会替孩子做决定的。孩子只要自己想好了，就放心去做。我尊重孩子的意愿。我不会干涉孩子。孩子有选择的自由。家长没必要把孩子管得死死的。"这些家长看起来尊重孩子的个性发展和意愿，但事实上呢？孩子的选择真的是最优的选择吗？孩子是否会因此付出沉重的代价呢？孩子真的能承担得起选择的代价吗？

　　有个妈妈曾经对我说："我很尊重我的孩子。如果孩子不想学习，我就不强求。只要孩子想好了自己的人生路就行了。"问题是：对于以后的人生路，孩子能想好吗？

　　一些家长经常对孩子说："你想好了吗？你只要想好了就行。"

　　孩子似懂非懂，拍拍胸脯，说："嗯，我想好了。"

可家长忘了问孩子："你想了些什么？你都考虑了哪些因素？你可不可以说给我听听？"

其实，一些孩子根本不知道某件事的后果，也没有考虑过某件事成功的概率或者失败的风险。如果家长仅听到孩子说想好了就由着孩子去做，这岂不是自欺欺人吗？

📢 为什么孩子很难考虑到后果

你一定会问："为什么孩子很难考虑到后果呢？"

首先，孩子的大脑发育尚未成熟。大脑皮层的发育是有一定顺序的，成熟最晚的是大脑额叶。额叶前部与记忆、判断、抽象思维等有关。当孩子的大脑额叶尚未发育成熟时，孩子在计划、预判、监测、调整等方面的能力较弱，相应地解决问题的能力也较弱。如果你让孩子去考虑某件事情的种种后果，可能会面临什么情况，应该如何应对，这就会超出孩子的能力范畴。

其次，孩子的生活经验远远不够。孩子往往缺乏生活经验，这导致了孩子无法动用足够的资源为将来的事情做谋划。这时候，家长的建议和意见对孩子来说就显得非常重要。如果家长独自让幼小的孩子处理问题，就相当于让孩子带着一台零件不完整的设备，去处理一堆超出他自己能力范畴的信息，结果可想而知。

因此，孩子要认真听取家长的话。家长要用已有的经验和成熟的大脑来告诉孩子如何应对这个问题。当然，智慧型的家长一定不会把自己的想法用令人头疼的方式讲给孩子听，他会跟孩子一起分析问题，引导孩子自己找出解决问题的办法。

第九章

期待是无形的力量

来自他人的期待对孩子来说意义重大。家长要相信孩子，并帮助孩子提高自信心。家长如果只是嘴上说说，就想让孩子有所提升、有所成长，这是比较困难的事情。家长如果不切实际地希望孩子达到某个水平，就会伤害孩子。家长要对孩子有合理的期待。在孩子尝试新事物前，在孩子做错事后，家长要有一个正确的态度。

试错本身就是一种成长

　　一个孩子正往自己的笔里装笔芯。一旁的家长看不下去了，朝着孩子吼道："这不是一个型号的，装不进去的。"孩子不听家长的话，依旧我行我素，慢条斯理地往笔里装笔芯，在拧笔盖的时候，发现笔芯太长了，拿出来笔芯，用剪刀剪掉一小截笔芯，继续往里装笔芯，没想到剪多了，笔芯又短了。孩子灵机一动，拿了点儿纸塞进笔中，刚刚好，就笑了起来，满心欢喜地写起作业来。家长这会儿已经气急败坏了，一把夺过孩子的笔，朝着孩子吼："我缺你买笔的钱吗？你都可以用这些时间做好几道题了。以后你不要换笔芯，直接用新笔。"家长的这番话直接破坏了孩子做作业的好心情。

　　我特别能理解家长焦急的心情。家长明明告诉孩子这个笔芯的型号不对，装不进去，孩子还非得花那么多力气、那么多时间去换笔芯，浪费宝贵的做作业时间。用一句简单的话来说就是换笔芯这件事的性价比太低了。但孩子不会管性价比，他总是会做一些令人匪夷所思的事情：趁家长不注意，悄悄地把鸡蛋和牛奶搅拌在一起煮，看看能不能做出蛋挞；拿着瓶盖当勺子，用瓶盖舀一口汤喝喝；只用一只手系鞋带，不管家长怎么催促；等等。

🔊 试错不等于低效

　　时代在变，生活方式和观念也都在改变。一些家长再也容不得孩子做一点儿与学习无关的事。这些家长认为：时间是最珍贵的东西，孩子要好好利用每一分每一秒来学本领，要不然就被其他孩子给落下了。

　　于是，有的家长就想把自己知道的所有东西都告诉孩子，只要孩子照做就行了。孩子如果这样做，就可以少走很多弯路。可实际上，家长这样的做法会降低孩子自主探究的能力和想象的能力，扼杀孩子对未知事物的好奇心。如此，孩子不会再思考，也不会再去探索。而我们又偏偏希望孩子在写作的时候能够有无限的想象力，在解数学题时能够有多种解题方法。

🔊 试错体验不可或缺

在孩子成长的过程中，一些家长从来没有给孩子试错的机会，没有给孩子想象的空间，却要求孩子拥有想象的能力。

在孩子成长的过程中，试错是一个必要的过程。否则，我们又何必让孩子花费那么多时间去探索未知呢，直接告诉孩子答案不就行了吗？

老师需要根据学生的学习情况循序渐进地教学，也要给学生试错的机会，让学生对所学知识印象深刻，发展学生的自主探究能力。

家长要允许孩子自己解决问题（除了原则性问题以外）。即使孩子将事情做错了，多花了一点儿时间，那又怎样呢？如果一个孩子从小就按照家长的设想和指令成长，生活得一帆风顺，那么，等他长大以后，没有家长在他身边时，他要听谁的指令，才能保证自己生活得事事如意呢？

"做错"就是一种尝试。在孩子成长的道路上，正是因为这些错误，孩子提高了自己的判断力。也正是因为这些错误，孩子学会了保护自己，学会了沉下心来思考，为以后少走弯路积累了经验。

如何激发孩子的内生动力

一些孩子就是没有学习的动力，每天懒洋洋的，做事情一点儿也不积极，只要没考得太差，就觉得自己还行，挺好的。看到孩子这样的学习状态，有的家长愁坏了。家长怎样做才能让孩子改变无欲无求的状态呢？家长到底怎么做才能让孩子朝着目标努力向上呢？这真的是一个难题。

家长们恨铁不成钢："我这么一个积极、努力、上进的人怎么会生出这么一个不要求上进的孩子呢？"面对一个每天都懒散度日的孩子，家长无论怎么奖励、诱惑、责骂他都不起作用。这些孩子就像泄了气的皮球一样，怎么拍都弹不起来。那一刻，家长真的怀疑人生。

🔊 体验生活，体验危机

要想激发孩子的内生动力，家长就得让孩子在某一方面有危机感。现在的一些孩子很少有危机感，因为他们生活得太幸福、太舒服了，拥有很多物质的东西。不像我小时候，我清楚地知道我的父母不能给我提供充足的物质条件，我只有靠自己努力才行。

家长要让孩子体验到生活的不易，不要怕让孩子看到真实的社会。我们的孩子不能总活在理想的环境中。加倍努力是获取一切幸福生活的根本。家长不能光给孩子讲道理，一定要让孩子亲身体验。

🔊 敏锐地发现孩子的需求

家长要有充足的耐心和敏锐的观察能力。有些孩子的内生动力就像一粒饱满的种子，长势喜人，生长力十足。而有些孩子的内生动力就像一粒品质不那么好的种子，稍有不慎就被狂风暴雨轻易摧毁，生长势头不足。这就是孩子们之间的差异，家长必须重视。即使面对一粒品质不那么好的种子，家长也不要怨天尤人，该浇水时浇水，该施肥时施肥，避免让小苗遭受狂风暴雨的侵袭。

面对动力不足的孩子，家长的激将法、打骂都不是很管用。家长要有足够多的耐心，敏锐地发现孩子的优点，并让孩子发挥出自己的优点，激发孩子的内生动力。

利用孩子自身的优势，激发孩子的内生动力，是一种非常理想的方式。有些孩子喜欢画画，有些孩子喜欢运动，有些孩子喜欢做手工，家长要让孩子在自己喜欢的领域中发光。以喜欢画画的孩子为例，家长要多给孩子展示画作的机会，让孩子产生"我画画这么好，我要成为一个很厉害的画家"的想法，从而让孩子为了变得更好而心甘情愿地努力。

在成长的过程中，孩子会经历各种反复，崩溃、绝望……此时家长必须挺住。不能因为孩子今天不想努力学习，家长就开始打击孩子，不能对孩子说"不是你说要好好学习吗？我看你是三分钟热度。我以后再也不相信你了"之类的话。一旦家长说出这样的话，家长之前所做的努力就全作废了。孩子就像一棵弱小的幼苗，经不起暴风雨的打击。如果家长孜孜不倦地给这棵幼苗浇水施肥，用心爱护，这棵幼苗也许就能给家长意外的惊喜。

考试前，家长应该怎么激励孩子

为了期末考试而挑灯奋战的孩子们，是非常辛苦的。有的孩子饱受各种摧残，依然保持着昂扬的斗志。这些孩子真的是挺不容易的。

家长都希望自己的孩子能够对即将到来的考试充满信心。有的家长经常这样问孩子："你对明天的考试有信心吗？"孩子沉默了一会儿，憋出一个字："有。"家长微笑着拍拍孩子的头："有就好！要加油！"孩子真的有信心吗？有的孩子都已经被以前的考试成绩打趴在地上了，却还要被逼着爬起来说："来吧，我不怕，我还可以继续考！"孩子可以不这样说吗？孩子当然得这样说。如果孩子不这样说，那么家长肯定会骂孩子："马上就要考试了，你却说你不行！你对得起谁呢？你对得起我吗？"因此，不管自己行不行，一些孩子都会告诉家长："我可以。"在严厉的家长面前，孩子其实没有说"我不行"的机会。

那么，这是不是意味着家长在考前不能问孩子问题呢？也不是这样，关键要看家长如何问孩子。

🔊 为孩子的成长而问

在问孩子之前，家长要先搞清楚："我究竟希望得到怎样的答案呢？我希望自己的提问能给孩子带来什么呢？"

孩子的答案不应该一味地迎合家长，也不应该只是让家长舒心。作为老师，我从来不会在课上问学生们"好不好？""想不想？"。我也不想让学生们大声地说出不是他们真实想法的答案。

家长需要明确的是，让孩子回答问题目的是让孩子获得成长。当孩子把自己的真实想法说出来后，家长要理解孩子，并给孩子一些解决问题的方法。只有这样，孩子才能真正地得到成长。

🔊 包容并接纳孩子

无论孩子的答案是什么，家长都要接纳孩子。如果孩子真的做好考试准备了，他一定会发自内心地说"我有信心"。如果孩子没有做好考试准备，他可能会弱弱地说"有一点点信心吧"，或者干脆地说"没有信心"。

家长要做好应对孩子说"没有信心"的准备，而不是否定孩子。如果孩子说"我对考试没有信心"，家长可以先表达对孩子的理解："你最近的确做了很多练习，但是你还是有一些不会的地方。我想你肯定很难过，我能理解你。你为这次考试付出了很多，却不一定能得到自己想要的结果。"

在说以上这些话的时候，家长可以摸摸孩子的头，或者给孩子一个拥抱，让孩子觉得自己被理解。然后，家长再问问孩子："让你觉得没有信心的是哪一门课，或者是哪个知识点呢？"

家长可以跟孩子一起分析一下问题，然后寻找一些可以帮助孩子解决问题的方法。家长可以对孩子进行心理疏导，让孩子发现自己的优点，让孩子跟自己做纵向比较，让孩子看到自己的进步。孩子即使信心不足，也会慢慢学会自我鼓励，拥有面对困难的勇气。

家长在教育孩子时，应该先走进孩子的心，让孩子觉得自己被理解，再去启发和教育孩子，让孩子从内心深处生发出成长的力量，提升内生动力。

在期末考试前，请家长多给孩子一些鼓励和拥抱，少让孩子说一些违心的话吧。

原来最先放弃孩子的是家长

很多家长认为：一个人的聪明或愚钝是天生的。也就是说，有些孩子天生聪明，有些孩子天生愚钝。这种说法不是没有道理，但也不能说全对。那么孩子们自己是怎么看待这个问题的呢？我曾在课堂上让孩子们讨论：一个人的聪明是不是天生的？大多数孩子认为聪明不是天生的。如果一个人能够养成自主学习的习惯，养成独立思考的习惯，持之以恒地不断学习，不断积累人生经验，他就能获得分析问题和解决问题的能力，变得聪明或者更聪明。暂且不论孩子们的这种观点是否正确，单就通过孩子们的这种观点，我们看到的是孩子们积极乐观的态度、永不言弃的精神。一些孩子始终坚定地认为自己的学业表现在很大程度上是跟自己的努力成正比的。

🔊 固定性思维与成长性思维

一些学者通过多年研究，发现了人们对于自身能力的两种看法：一种看法是一个人的能力是固定不变的，做任何事情的意义在于不断证明自己的能力；另一种看法是人的能力是可以增长的，随着所做事情的难度越来越大，能力也会相应地提升。前一种看法属于固定性思维，后一种看法属于成长性思维。对于一个人的聪明是不是天生的这个问题，如果你的答案是肯定的，那么你很可能是拥有固定性思维的人；如果你的答案是否定的，那么你很可能是成长性思维的忠实拥护者。

孩子们在很小的时候，基本上是拥有成长性思维的，他们觉得自己可以做一切事情。当然这跟孩子们对自己的能力估计不足有很大的关系。更重要的是，幼小的孩子还没有过多地受到外界评价的影响。

如果你是一个拥有固定性思维的人，在遭遇失败的时候，就会认为这是因为自己的能力不足，而能力又是天生不可改变的。久而久之，你就会自卑，不求上进。

你如果是一个拥有成长性思维的人，就会发现：不论是失败还是成功，都是自身可以掌控的。你完全可以通过自己的努力让自己变得更聪明、更厉害。如此，你在失败的时候才不会那么自卑，在成功的时候才不会那么骄傲。

家长首先放弃了孩子

平时一些家长会这样告诉孩子："你之所以不成功，是因为你不努力。"一些孩子把家长的话听进去了。而家长们是怎么看待一个人的聪明是否天生呢？一些家长会说："我觉得一个人的智商是天生的。"可见这些家长早早地就将智商看作是固定不变的了，那么他们很有可能会把更多的期待放在高智商孩子的身上。当家长们在背地里讨论自家孩子是不是够聪明，在犹豫孩子能不能学某项技能时，孩子难道感觉不到吗？

有一个妈妈，曾经声泪俱下地跟我聊孩子的问题。她家孩子的学习能力略弱。看得出来，这个妈妈已经非常努力地帮孩子跟上老师的教学节奏了。根据我的观察，她家孩子的问题大部分出在注意力上。如果训练的方法得当、训练的量足够的话，她家孩子的问题能够被解决大半。照理来说，这个妈妈既然对孩子的学习这么用心，就应该按照要求训练孩子的注意力，可事实上这个妈妈一直没有帮助孩子训练注意力。

问题出在哪里呢？出在孩子的爸爸身上。孩子的爸爸早早地就放弃了这个孩子，他觉得这个孩子的能力天生不足，不管什么训练方法都对这个孩子没有任何作用。爸爸对这个孩子不闻不问，仅靠妈妈一人是无法承担很多教育责任的。其实有时候我们何尝不是这样的爸爸呢？"你不要学那个，你又学不会。""看你也不像会学习的料，你还是省省吧！""我觉得你是没有希望的。你就那么点儿脑子，还是算了吧！"这样的打击性语言不仅能打击孩子，还暗示着家长已经放弃了孩子。即使孩子的学习成绩不是那么优秀，家长也不能对孩子失去信心，放弃孩子。

每个孩子要走的路都不同。正所谓"条条大路通罗马"，我们谁也说不清楚究竟哪条路才是通向成功的路。我们也不能说"学习成绩不好的孩子一定没有光明的未来"。成功是需要付出努力的，勤能补拙。家长应该全面地了解孩子，不应该过早地放弃孩子。

如果你有一个女儿

一些家长想要女儿，有多种原因：儿女双全，凑个"好"字，人生就圆满了；女儿是小棉袄，以后养老有保障；女儿在出嫁的时候会收到彩礼，就像"招商"银行；不用给女儿准备婚房，不用像生儿子那样承受较大的压力；生女儿，今后不需要处理婆媳矛盾。很少有人说："我之所以想生女儿，是因为我想好好养育一个女孩子。"

🔊 女性的成长之路

即使在男女平等的今天，女性远比男性的人生旅程更坎坷。

有人会说："一个女孩，干吗读那么多书？"这其实跟封建社会的"女子无才便是德"的说法如出一辙。为什么会有人认为女孩不需要读很多书，不需要做得很棒呢？有的男性希望自己的妻子安分一点儿，在一个比较小的圈子里过着安稳的生活，看不到更大的世界，就不会有更大的野心，也就不会有更多的想法。可是，生而为人，同样都是来这世界走一遭，为何女性要因为自身的性别而被剥夺看世界的机会呢？

甚至有人认为，在女性的人生中，婚姻是第一位的，即使一个单身女性的学术水平再高，内心再充盈，那也是有缺憾的。在一些婆婆的认知里：不会做家务的儿媳有什么用呢？不能生孩子的儿媳有什么用呢？一个成年女性，首先是一个会做家务、能繁衍后代的工具，然后才是一个人。这就是一些成年女性的真实生活写照。有时候，这种性别认知是在不自觉间流露的。

有的人会对一个女孩这样说："没事，你已经很努力了。"而有的人会对一个男孩这样说："你真的很聪明，就是调皮了一点儿。"有的人会有意无意地这样说："女生在低年级时学习好，到了高年级以后学习就跟不上了。"有的人也会这样说："虽然男生现在调皮，但是他有后劲。"有的人会这样评价："一个女孩子，读到硕士就行了，读到博士以后就没人要了。""一个男孩子，想要读书就好好读，好好搞科研。"

北斗导航专家徐颖曾说，很多人会问她是怎么平衡家庭和工作的，而很多男科学家就不会被问到这个问题，大家默认男科学家是没有生活的，工作是男科学家的全部。

著名科学家颜宁在接受采访时也曾说，女科学家在婚姻和家庭里承担着更多的任务，但平衡事业和家庭，不仅仅是女性的问题，而是两性的共同问题，需要真正意识到问题的症结，再一起去解决。

🔊 更宽容的养育

如果你有一个女儿，你应该思考如何将她培养成一个真正的人，让她过自己想要的生活，而不是仅把她培养成某个人的老婆、某个孩子的妈妈。

如果你有一个女儿，你应该告诉她，只有自己努力过的人生才不会后悔。

如果你有一个女儿，你不应该给她未来的人生设置诸多限制，诸如女孩就适合做老师，女孩就应该文静一点儿之类的。

如果你有一个女儿，你应该像培养男孩一样，不遗余力地让她的天赋得到最大的发展。

如果你有一个女儿，请你不要对她说："你是一个小女孩，只要漂漂亮亮、文文静静，将来嫁一个好男人就行了。"如果你有一个女儿，请你一定对她说："孩子，你爱什么就去追吧，爸爸妈妈会用实际行动永远支持你。"这样的家长值得我们点赞，因为这样的家长不为自己女儿的人生设限，鼓励自己的女儿勇敢地去追寻自己的梦想。

有人曾说："我们不奢望当前的社会能对性别问题迅速做出补救措施。但至少希望我们的下一代女性，能够不再被教导应该变成怎样，而是被教导应该做一个怎样的人。"女孩应该尽早明白拼搏的意义，勇敢地去遵循自己的内心，找到自己未来的人生之路，活出自己的人生。

女生一定比男生的数学成绩差吗

我发现一些人（包括老师和家长）会有意无意地说："女生的理科思维能力不如男生的，女生到了高年级以后，数学成绩就会不理想。"那么，女性真的是天生就学不好数学吗？

🔊 关注什么，就能看到什么

为了研究数学成绩的高低是否与性别有关，一些研究者对男生女生的数学成绩进行数据分析，结果发现男生和女生在数学能力上并无显著差异。在拥有超常数学能力的人群中，是否男生比女生多呢？对于这个问题，研究人员发现，男生和女生在处理难度较大的数学题上并无显著差异。也就是说女生和男生一样具备学好数学的能力。

那么，为什么一些女生的数学成绩到了中学阶段就会下滑，而一些男生的数学成绩能迅速提升呢？我认为的原因是：人们关注什么，就会看到什么。人们总是在不断地验证自己的假设。如果一个女生的数学成绩到了高年级以后就迅速下降，家长就会不自觉地将数学成绩下降的原因归在性别上。而到了高年级，有的男生数学成绩也下滑得很快，家长就不会将数学成绩下降的原因归在性别上。现在，我让你迅速地回想一下：你有没有见过一到了高年级数学成绩就迅速下滑的男生？你有没有见过数学成绩一直称霸的女生？其实是有的。

一些人认为，女生到了高年级以后，之所以数学成绩不理想，是因为女生不够聪明；男生到了高年级以后，之所以数学成绩不理想，是因为这个男生太贪玩。我认为这是非常明显的双重标准。

如果你身边有一个数学成绩下滑的女生，你就印证了自己的观点——女生学不好数学，成绩下滑得快。

如果你身边有一个数学成绩提升得很快的男生，你就印证了自己的观点——男生就是擅长学习数学。

我把这种偏见称之为刻板印象。一些研究者曾经做过这样的实验：让拥有相同数学背景的男生、女生做同样的数学测验，当告诉他们这个测验没有性别差异的时候，他们的表现没有显著差异；当告诉他们这个测验有性别差异的时候，女生的数学成绩就会戏剧性地下滑。特别是在遇到难度大的题目时，女生会格外焦虑，明显地影响自身能力的发挥。

🔊 刻板印象的危害

为什么刻板印象会对人们有如此大的影响呢？我认为有以下两个原因：

1.刻板印象能够影响人们的情绪。想象一下，你是一个经常被告知自己的数学成绩不如男生的女孩子，在你遇到数学难题的时候，这些话语会经常在你耳边回荡，于是你可能会对自己说"放弃吧"。而如果你是男生，你或许会对自己说："这是我擅长的数学，我应该能做出来。"

2.刻板印象会使得人们更害怕犯错。一旦犯错，就印证了这个刻板印象。有的女生在做比较难的数学题目的时候，会害怕自己真的验证"女生的数学成绩不如男生"的观点，她就会格外关注自己的数学成绩，不希望自己犯错，随之手心出汗、心跳加速，最后，真的做不出来数学题了……

说到这儿，我不知道你有没有明白这个话题的重点。如果你想让自己在某一方面表现得更好的话，请你一定不要给自己贴上"不好"的标签。作为女孩的家长，你应该尽力地帮助女孩撕去"女孩学不好数学"的标签。家长们需要转变自己的观念，摒弃"男孩就是比女孩的数学成绩好"的偏见。数学能力的差异体现在后天的努力上，而非性别上。

总是预测孩子失败，怎能指望孩子成功

你对这样的场景一定不陌生：当孩子颤颤巍巍地端着一杯水，水很满，眼看着水就要洒出来时，家长会在一旁大声地对孩子说："当心当心，你这样端着水杯，肯定会将水洒出去的！"等孩子真的将水洒了一地的时候，家长会生气地对孩子说："你真的把水洒了。你为什么接那么多的水呢？你做什么事情都是这么粗心大意的！"

孩子被家长教训一通之后，就像被霜打过的茄子似的，无精打采，垂头丧气，他只知道自己做错了，却不知道怎么做才是对的。

🔊 失败的预言家

其实这样的场景在很多家庭上演过。一些家长时刻扮演着预言家的角色，总是预言孩子的失败，却从来不告诉孩子该怎样做才能成功。

"你如果再走边上就会掉下去……你白白摔了一跤吧。我早就提醒你了，你就是不听！"

"我早就告诉你不要穿那件衣服，你会感冒的，你就是不听！你现在感冒了吧。"

有的家长还会说："不听老人言，吃亏在眼前。"可是，这些"老人言"往往是告诉我们怎么做一定会失败，不要做这个，不要做那个。等你做了那些不该做的事情时，老人就会得意地对你说："我早就跟你说过啦，不能那样做啊！"

对于喜欢探险的孩子，家长不仅要告诉孩子不能去哪些危险的地方，还要告诉孩子能去哪些安全的地方，满足孩子探险的欲望。

面对想砸东西发泄情绪的孩子，有的家长只会告诉孩子不能砸东西，却没告诉孩子如果太生气的话，可以砸一下枕头。

孩子不知道正确的做法

在生活中，有的家长总是告诉孩子不可以这样做，如果这样做，就会失败，却从来不告诉孩子应该怎么做。

在课堂上，有的老师也会这样做。有的老师在讲完某道题目时，问："还有不会做的题吗？"一个不会做某道题的学生举手了。老师愤怒地批评这个学生："我那天刚讲了这道题目。你在上课时肯定没好好听讲……"等老师批评完这个学生，这个学生还是不会做那道题，因为老师光顾着批评了，根本没说怎么做那道题。

在生活中，家长也经常犯这样类似的错误。孩子明天要考试了，信心满满地对妈妈说："妈妈，我明天要考一百分。"而妈妈对孩子说："你别骄傲，别嘚瑟。你还没改掉粗心的毛病。你在考试的时候丢个十分八分的，我都不稀奇。不信咱们等考试成绩出来以后见分晓。"孩子还没参加考试，就先受到了妈妈的伤害，可妈妈并没有告诉孩子该怎样做才能避免粗心马虎。

运用正向的语言

什么是正向的语言呢？不是"我的宝贝是最棒的！""妈妈相信你一定能行！"之类的盲目乐观的话。这些盲目乐观的话相当于给孩子灌迷魂汤，灌完啥效果都没有。一些家长还会气急败坏地责骂孩子："你这个孩子，怎么就不长点儿记性呢？我怎么鼓励你都没有一点儿作用！"家长的鼓励对孩子没有任何作用时，并不代表家长就要用消极的语言打击孩子，预测孩子的失败。

孩子对妈妈说："妈妈，我明天要考一百分。"妈妈可以这样回应孩子："我通过观察你最近的学习表现，觉得你完全有这个实力。不过在以前的考试中，你总会因为粗心被扣几分。这次你准备用什么办法避免自己再犯粗心的老毛病呢？"接下来，家长就可以跟孩子一起讨论一些具体的考试技巧。

孩子需要的不是家长模糊的鼓励，而是家长实实在在的指导。

解锁新技能，必然制造新麻烦

某天晚上，我家里发生了一个小插曲。通过这个小插曲，我得到了一些有意思的教育启示。事情是这样的：我有一个用了好多年的行李箱。虽然这个行李箱上有密码锁，但我从来没用过。而我的孩子心血来潮，为这个密码锁设了一个密码。前两次，孩子凭借密码打开了这个行李箱。后来，孩子觉得好玩儿，又重新设置了一个密码。等我们回到家后，悲剧就这么发生了——打不开行李箱了。因为孩子忘记了新设置的密码。

🔊 出错以后，就要禁止尝试吗

我立刻就非常恼火。一路旅途劳累，我就想立刻把行李箱打开，整理一下东西，然后洗漱睡觉。结果，全家人围着这个行李箱，想各种打开密码锁的办法。孩子显然被吓坏了。孩子爸爸拉着孩子拼命回忆密码。毕竟是三位数的密码，要是一个个地试密码，那还不累死啊！孩子的大脑一片空白，他回忆出来的东西都是错的。于是我和孩子爸爸都快急得爆炸了。孩子在一旁吓得瑟瑟发抖。后来查了诸多攻略，我们终于将密码锁打开了。孩子爸爸警告孩子今后再也不能弄这个密码锁了。我那会儿也是气呼呼的，埋怨孩子不该捣鼓密码锁，要不然也不至于弄成现在这样。

我最终得出的结论是孩子今后不应该再弄密码锁。后来我冷静下来一想，这其实是一次家庭教育事件，而我的结论似乎是不对的。

细想一下，为什么孩子会去弄这个密码锁呢？孩子研究这个密码锁的行为说明了什么呢？密码锁是行李箱的一个功能，我一直都没有去用这个密码锁，因为我觉得太麻烦了。在生活中，对于一些东西，我也没有去使用它们的新功能。就比如手机，它有很多高科技的功能，但我日常用的手机程序就那么几个，根本就不会尝试新的手机程序。但孩子不一样，他会主动去尝试一些很好玩的功能。

事实上，这些功能本来就是为了方便人们的生活而供人们使用的，不应该被闲置。孩子的行为符合设计者的设计意图。但有的成人因为怕麻烦，不去探索未知的新事物，久而久之，就不愿意接触新事物了。一个人如果不愿意去研究新功能，不愿意接触新事物，就会跟不上时代的步伐，最终被时代所淘汰。

🔊 不怕犯错，才敢尝试

因为听到妈妈说家里的电视怎么怎么不好，所以你拼命地研究电视。看你研究半天也没搞定电视时，大多数妈妈会说："算啦，就原来那样也挺好的，别折腾了！"

如果你真的不折腾了，那么妈妈就会这么将就着用这台电视，她不会体会到看好电视的感觉。

在生活中，解锁新技能看起来很麻烦，老方法用着也挺好。这其实是因为你不解锁新技能，就永远不知道新技能有多厉害、多方便。在解锁新技能、研究新事物的过程中，我们要允许出现新的麻烦。

经过一番思考以后，我便郑重其事地把孩子叫过来谈话。

"通过这件事情，你明白了什么？"

"我不该弄这个密码锁。"

"你不应该这么说。妈妈觉得你研究这个密码锁的行为是正确的。这个密码锁是这个行李箱的一个重要功能。你发现并使用了这个新功能，你比妈妈厉害！"

孩子沉默了半天，估计没听懂。

"你今后还要不要用这个密码锁呢？"

"不用了。"

"还是要用的，只是我们在使用的过程中注意一些东西。你觉得需要注意什么呢？"

"嗯……嗯……"

"我们在设置密码的时候需要注意一些事情，比如设置一个我们能够记住的密码。"

"那我就设一个简单一点儿的密码，比如111，222之类的。"

　　"你一个人设置密码，即使是一个很简单的密码，也容易忘记。怎样防止这种事情的发生呢？我觉得你可以找其他人帮忙。"

　　"我可以将设置好的密码告诉他人，让他人帮我记一下。"

　　"这是一个好方法。你可以将密码告诉爸爸妈妈，也可以用笔将密码记下来，这样你就不容易忘记密码了。"

　　"哦，那我知道了。如果你们在我身边的话，我就把密码告诉你们。如果你们不在我身边，我就用笔将密码记下来。"

　　我和孩子之间的谈话到此结束，但教育远没有结束。孩子是不怕犯错的人，喜欢尝试新鲜事物。如果孩子在每次尝试新事物的时候，家长就强烈地阻止孩子，那么这个孩子很快就变得不敢尝试新事物。

　　想让孩子敢于尝试，不是家长在后面使劲儿喊"你去尝试啊！你去啊！你的胆子要大一点啊！"，而是家长告诉孩子，在尝试新事物的过程中可以犯错，并指导孩子如何改进。

第十章

懂点心理学，提升孩子的学习力

家长苦口婆心地对着孩子说了一堆道理，孩子什么都没听进去，怎么办？面对孩子糟糕的学习状态，家长该怎么帮助孩子调整呢？家长如果不懂一点心理学知识，在给孩子做思想工作时就有些费力。家长如果懂点心理学知识，并能够在教育孩子的过程中运用心理学知识，就有可能会提升孩子的学习力。

用心理学的方法给孩子讲道理

　　有的学生会在我布置作业的时候讨价还价："老师，你让我少做一点儿作业吧！""老师，不要让我今天做这个作业了！""老师，你说写三遍就可以了，我已经写三遍了。"

　　有的学生在遇到比较困难的任务时就会想方设法地来跟我谈判。我常常会这样要求学生，如果听写错两个以上的词语，就需要重新听写，直到全部掌握了为止。于是，就有学生过来问我："老师，我把听写错误的词语抄写二十遍，你不要让我重新听写，好不好？"这时候，我往往会义正词严地拒绝这个学生。对有的学生来说，抄写二十遍是一件简单的事情，但重新听写一遍并把错误控制在一定数量之内是一件困难的事情；读二十遍课文是一件简单的事，但把一篇课文背诵下来是一件困难的事情。人们总是忽视正确的事，选择做简单的事。孩子想要提高学习成绩，就需要反其道而行之，这需要强大的意志力。意志力的背后其实是动机。人们有了动机的支持后，才会产生意志力，坚持完成不容易完成的事情。

　　当孩子为了一个学习任务跟家长讨价还价或者想在学习上偷懒的时候，家长应该怎么跟孩子讲道理呢？

🔊 情景一："求求你，让我过关吧！"

　　孩子问妈妈："我今天就抄写一遍，你能不能就算我过关了？"

　　妈妈可以这样回答："你很容易就能完成抄写一遍的任务。再抄一遍的意义是什么呢？只抄写一遍，你能掌握所学的内容吗？你有没有听说过心理舒适区啊？"这时候孩子就会瞪大眼睛瞧着妈妈，仿佛在说："我的天哪，我的妈妈怎么这么牛了！她是从哪儿学的这个新名词啊？"

　　这时候，妈妈继续往下说："你这种抄一遍就求过是一种让自己待在舒适区的心理。长期待在舒适区的后果就是你越来越不敢挑战，越来越笨。当你尝试走出舒适区的时候，你会变得越来越有活力，越来越鲜活且富有生命力。你现在还想只抄一遍就过关吗？"听到这里，一些孩子就会认真思考自己之前提的要求是否合理。

🔊 情景二："考砸了，我真的觉得很丢人！"

孩子难过地对家长说："这次期末考试，我真的考砸了。我怎么这么笨，总是考不好。考试就是让我知道自己有多笨，简直就是对我的羞辱。"

家长可以这样对孩子说："你好像对自己很没有信心，很难过。我觉得你对考试有误解。我今天就从心理学的角度来谈谈考试这个话题。"

这时，大部分孩子会很好奇，很想往下听。家长就接着继续往下说："有些人把考试当作是对自己能力的检验，有些人把考试当作是对自己学习程度的检验。我觉得你好像是前者。你认为自己考得不好就是笨蛋，考试成绩就是对你能力的侮辱。但是你忽视了考试成绩还跟学习的努力程度有关。你越努力，学习成绩就会提升得越快。你首先要对考试有正确的认知，并且要永远相信，你越努力，你的学习能力就会越来越强。而你的学习成绩之所以差，极有可能是因为你的努力程度不够。不要把自己学不好的原因都归结为学习能力差。"

听完这些话，有的孩子就会认真思考"能力"和"努力"之间的关系。渐渐地，孩子就会改变自己之前的那种不正确的想法。

🔊 情景三："临阵磨枪，好像也行！"

有的孩子开心地对家长说："我发现，想要应付现在的考试，只要临阵磨枪就行了。一些平时努力学习的同学期末考试成绩还不是跟我考的差不多吗？看来，平时拖欠作业、不认真听课都没太大关系。"

家长可以这样回应孩子："你之所以这么想是因为你尝到了一点儿甜头。你之所以觉得临阵磨枪的方法管用，是因为你还是低年级的学生。等你升入高中以后，临阵磨枪的方法很快就会失效。我可以从心理学的角度给你分析一下原因。"

　　"我们在学校习得的智慧是两类知识的结合体，一类是你所说的期末考试成绩，就是你所掌握的学科知识；另一类是你所说的临阵磨枪，就是你所掌握的学习经验。如果你刚才跟我说的都是真的，那么我会非常遗憾地告诉你，你的学科知识或许是过关的，但是你的学习经验是不过关的。如果你的学习经验不过关，你会有什么问题呢？为什么一到了中学，有的学生就发现以前的学习经验不管用了呢？

　　"我给你举一个简单的例子。对于你现在用一个学期所学的知识，我们可以用突击的方法在一个月内全部搞定，因为知识的容量比较小。但是随着年龄的增长，你需要学习的知识越来越多。你如果还继续用自己的老经验去学习新知识，就会非常沮丧地发现，没有平时的知识积累，根本搞不定所学的知识。到了那时，你就会慌神，因为你以前没有熟练地掌握一些学习的经验，你的学习成绩急剧下降。"一些孩子听到这些话后会目瞪口呆，并且愿意听家长的话，配合家长的教育。

孩子无欲无求，家长该怎么办

对于年龄较小的孩子，家长会用代币法作为奖励措施，比如当孩子做完一件事情时，就给孩子一个星星贴纸，并给孩子约定好多少个星星贴纸可以兑换一个玩具之类的。这种代币法对很多孩子管用，但对那些看起来没什么欲望的孩子不管用。

🔊 注重精神奖励

曾经有个家长跟我诉苦，说："我的孩子就是那种无欲无求的人，不管奖励他什么东西，他都不感兴趣。"

一些家庭条件好的孩子，他们手里的钱估计比我账户上的钱都要多，因此，对于一些小恩小惠，他们根本不在意。这类孩子的家长就很苦恼，不知道用什么东西才能激发这类孩子学习的动力。如果这些家长告诉孩子不学习会吃苦头，孩子才不会相信，因为他都不知道什么是"苦头"。这些家长该怎么办呢？

面对这些看起来无欲无求的孩子，家长如果不能给他们喜欢的物质奖励，就可以在精神奖励方面寻找突破口，找到奖励他们的方法。

🔊 成就感和获得感

当物质生活丰盈到一定的程度时，人们就开始了精神层面的追求，比如"成就感""获得感""自我实现""被肯定""被赞赏"……

面对一个对什么物质奖励都不感兴趣的孩子，家长可以让他去学着做一道菜，或许他立马就来劲了；让他去参加一个活动，或许他立马就精神了；让他去领养一只小动物，或许他立马就动力十足了。

　　家长不能只盯着肉眼可见的东西入手，还要从孩子的精神需求入手。孩子如果完成了一个短期目标，就可以去参加一场他自己向往已久的小型聚会。孩子如果完成了某项学习任务，就可以去做一道美味佳肴或者领养一只小宠物。

🔊 孩子容易放弃，家长怎么办

　　有的家长在教育孩子的过程中发现：孩子一发现完成目标有难度，就直接放弃。如果孩子出现这种情况，就预示着家长给孩子定的目标太高或者家长给的奖励没有诱惑力。

　　家长要跟孩子一起商量制定目标。有的家长在给孩子制定目标时，根本不跟孩子商量，强拉着孩子往前冲，结果一回头，发现孩子正拼命地往回跑，拽都拽不回来。这就是家长不跟孩子一起商量制定目标的后果。

　　目标是合适的，也是孩子愿意的，但是孩子丧失了坚持做下去的动力，很有可能是因为那个奖励对孩子的诱惑力没有那么足了。那么此时家长可以经常让孩子回忆起那个诱人的奖励。如果给孩子的奖励是一只宠物，家长就可以经常带孩子去宠物店走一走，让宠物激发孩子的动力，以免孩子对养宠物这件事情慢慢失去兴趣。有些事情会随着时间的流逝而褪色，而家长要做那一个为孩子的事情增色的"画饼大师"。

原谅拖拉的孩子吧

有的孩子，就喜欢拖拉，写一个字，就得发一会儿呆，用一个小时的时间都吃不完一顿饭……

有的家长在催促孩子洗澡时，都得分好几个步骤，先催孩子进浴室，再催孩子脱衣服、冲水、涂香皂，最后一不留神，家长有事离开孩子，孩子就开始玩水，玩得很嗨，以至于洗一次澡要花费很长时间。

家长催着孩子刷牙，结果孩子说："我还没吃完东西呢！"如果家长不让孩子吃东西，孩子就会不高兴，不配合家长。如果家长让孩子吃东西，接下来就是家长催孩子快点吃……

原本计划晚上八点半之前就让孩子躺在床上，结果一不留神，已经到了晚上九点半，孩子依然还没上床……

🔊 慢吞吞的孩子

后来一交流，拖拉的孩子原来都是一样的，每个拖拉的孩子身后都有一个爱催促的妈妈。

"快点快点！"

"等一下嘛！"

这样的对话每天都要被重复多次。你原本觉得自己是一个不啰唆的妈妈，结果啰唆得连自己都觉得烦。

每天晚上下班回到家，家长看到孩子拖拖拉拉，原本母慈子孝的场景瞬间鸡飞狗跳。再这样下去，家长们分分钟崩溃。这难道就是家长们必经的劫难吗？那些拖拉的孩子就像一只只可爱的小蜗牛，他们爬行的速度原本就很慢。

你的小蜗牛也许吃饭很慢，我的小蜗牛也许做作业很慢，他的小蜗牛也许洗澡很慢，每只小蜗牛的属性配置都不一样。当然，最悲摧的是你有一只干什么事都很慢的蜗牛。

一通忙活下来，终于到了关灯陪孩子睡觉的时间，孩子却跟妈妈说："妈妈，我都没跟你好好聊天呢！"对啊，妈妈光忙着催促孩子快点做事情了，都没有跟孩子好好聊天。为了催促孩子快点做事情，一些家长威逼利诱，把能用的招数都使上了。

"我数到十，你赶紧去！"

"宝贝，你快点做完这件事情，我好陪你玩一个游戏。"

"你再玩水就要冻感冒了，就得去医院打针哦！"

然而你的小蜗牛依然以自己的速度运动着，节奏之稳，雷打不动。

有人说："你能不催吗？"

"我怎么可能不催呢？看着孩子拖拉，我着急啊！从我下班回到家到孩子上床睡觉之间总共就几个小时。孩子需要完成的例行任务那么多。如果我不催孩子，孩子要很晚才能上床睡觉。睡眠对孩子来说又是一件非常重要的事。孩子还没有将所有的事情都做完，他能睡觉吗？你准备不让孩子做哪件事情呢？是不让孩子做作业，还是不让孩子吃饭呢？是不让孩子锻炼，还是不让孩子洗澡呢？"

🔊 培养孩子的时间规划意识

一些家长的啰唆是从催促孩子开始的。光是每晚的催促就让一些家长筋疲力尽。所以，当孩子在入睡前告诉家长还没有好好聊天的时候，家长整个人可能都已经疲惫不堪了，哪里还有心思跟孩子聊天呢？

如果孩子每晚都有需要完成的任务，家长恐怕很难不催促。在催促孩子的过程中，家长可以找一些让自己感觉不那么烦躁的方法，并且慢慢地培养孩子的时间规划意识。

每晚回到家，家长要做的第一件事不是催促孩子快点去写作业，而是和孩子一起讨论一下当晚需要完成的事情，看看孩子做每件事情大概需要多少时间，该怎么安排时间。家长可以给孩子准备一个小闹钟，让孩子有意识地控制自己的时间。

家长还可以问问孩子需要多少休息玩耍的时间。家长可以观察几个晚上，看看孩子做每件事情需要多少时间，一般会浪费掉多少时间。通过观察，家长能迅速地了解孩子每天晚上的时间安排，发现可以改进的地方。

🔊 做多少事情并不是那么重要

有时候，做事情的心态远比做了多少事情更重要。

家长可以问问自己："孩子每晚要做的事情真的都是必须做的吗？"孩子真的需要每天都锻炼身体 1 小时吗？孩子真的需要每天都练琴 1 小时吗？能不能酌情减少孩子做其他事情的时间呢？

孩子每天都有所成长、有所收获，这是每个家长都想要的结果。现实是一些家长每天下班回到家，就像打仗似的紧张。到最后，家长和孩子依偎在一起玩耍的时光不知道去了哪里，家长和孩子一起聊天的时光也不知道去了哪里。那些美好的时光啊，都在家长的催促声中悄然消失！

家长可以给自己，也给孩子一点点悠闲的时光，陪孩子聊一会儿天，陪孩子玩一会儿游戏，陪孩子一起读一本书……

家长的心情好了，就连催促的声音也不是那么刺耳了。家长在催促孩子的过程中，需要给自己留一些喘息的余地，给孩子留一些拖拉的时间。孩子可能永远都达不到家长想要的执行速度，就像小蜗牛永远都不可能比兔子跑得快。

无论你的孩子怎么拖拉，家长都需要让自己的心跳速度慢下来，耐心地帮助孩子逐步改掉拖拉的毛病，不能操之过急，要注意方式方法。情绪平和的母亲，意志坚定的父亲，能够养出一个会自己规划时间的孩子。

全红婵的成功秘诀

2021年8月5日，女子十米跳台最后的决赛，一个籍籍无名的小姑娘出现在我们的面前，她的五个动作中，有三个获得满分的动作，她完美的动作让世人为之震惊，她就是全红婵。这个个子小小、顶着一头炸毛发型的小姑娘，一入水，技惊四座，她犹如一条灵活的鱼儿，丝滑入水。这不禁让人感叹，即便是一条鱼，入水的动静也比她的要大吧！更让人惊诧的是，这是小姑娘第一次参加奥运会。在缺少国际大赛经验的情况下，全红婵依然以绝对的优势获得了冠军。

🔊 挥洒自如的背后是真诚和坦荡

当然，全红婵在此之后的爆红也是网络时代的必然结果。网络让人们看到了这个奥运冠军的真实人生：出身贫寒，家里有四个兄弟姐妹，她排行老三，在7岁时被体校选中练习跳水，她的父母毫不犹豫地答应了，理由是体校也可以读书，家里的弟弟妹妹也跟着一起练习跳水。全红婵就读的体校教学环境较差，露天的训练场，陈旧的设施。全红婵每天练习跳水，练得不好再加练，只因为她希望自己能够多参加比赛，多出成绩，用拿到的奖金给妈妈治病。

全红婵没有去过游乐场、动物园，最想吃的东西是辣条，梦想是开一家小卖部，这样她就可以经常吃辣条了。

全红婵真的太单纯了，她丝毫没有掩饰自己原生家庭的贫穷，她是那么坦荡，那么真诚。我想，正是因为这份坦坦荡荡，才让全红婵在奥运赛场上挥洒自如。

对于所有运动员来说，能够参加奥运会比赛是一次多么宝贵的人生经历。一举成名天下知。有多大光环就有多大的压力。全红婵站在这个赛场的时候，她只是想把每个动作都做到位。她没有想自己能不能夺冠，也没有想自己如果跳砸了怎么办。她将自己所有的关注点都放在当下：走好当下的每一步，为当下的每一个步骤、动作负责。这是初出茅庐的年轻人的幸运。失之我命，得之我幸。没有负担，身轻如燕。

🔊 做好当下便能轻松制胜

我更愿意跟孩子们聊一聊全红婵完美发挥的背后，蕴含了哪些值得孩子们学习的东西。全红婵站在十米高的跳台上，面对全球顶尖的竞争者、全世界人民的关注，如何让自己淡定从容地应对呢？全红婵告诉自己的是：把比赛当作练习，做好每一个动作。把比赛换成考试也是一样的道理：把考试当成练习，做好每一道题目。

让孩子只专注于当下，不去考虑：搞砸了怎么办？会不会被人耻笑？会不会被家长责骂？如果考砸了，是不是浪费了一次绝好的机会？

虽然全红婵说自己不擅长读书，但其实她已经深谙考试超常发挥之道：练习再练习，专注于当下。全红婵的成功秘诀告诉我们：只在此刻，做好此刻，这是一种多么宝贵的品质。

如果你的孩子一考试就焦虑，那么你就用全红婵跳水的事例告诉你的孩子："第一，你有充足的准备和练习吗？第二，把每一道题目做好，是你当下最应该做的事情。做好这两点，你自然就能远离焦虑。"

巧用内疚感，提升教育效果

我想问家长："如果有一天，你的孩子不小心打碎了一个很贵重的杯子，你准备怎么办？"

我想，如果不是刻意控制自己情绪的话，一般的家长会大发雷霆吧。

"你怎么回事！你为什么那么不小心！"

"你这个孩子，总是不把我的话放在心上！我跟你说过多少次了，一定要小心贵重的东西！"

然后，有的孩子就会对家长充满怨恨："我是因为不小心才打碎了一个杯子。你至于发那么大的火吗？"

这时候有的家长就会怒火中烧："你这个孩子，做错了事情不觉得内疚，怎么还硬气起来了？！"

可是我想说，其实孩子本来挺内疚的，结果就因为家长的叨叨，孩子就由"内疚"变成了"愤怒"。

🔊 "内疚"转变的历程

我们可以一起分析一下孩子"内疚"转变的心路历程。

杯子被孩子打碎了。孩子的想法是："哎呀，我把妈妈这么贵重的杯子打碎了，完蛋了！明明提醒自己要小心一点的。下次再也不能犯这样的错误了。"然后家长一出场，就开始数落孩子。

孩子的内心开始发生变化："哼，不就是一个杯子嘛！我已经知道错了。你总是这样揪着不放，想要干什么呢？你的唠叨让人心烦。"

接下来孩子就再也听不进去家长说的话，仅有的那一点儿内疚感也消失得无影无踪了。

🔊 自我防御

为什么孩子刚萌生的内疚感那么快就没有了呢？那是因为家长的批评和唠叨引起了孩子的自我防御。

有的家长会将批评的矛头指向孩子，指责孩子的人品、做事的习惯，比如对孩子说"你这个孩子，总是不把我的话放在心上！我跟你说过多少次了，一定要小心贵重的东西！"，这就是在攻击孩子的人格。每个人都是有自尊心的，孩子也不例外。当孩子的人格受到攻击的时候，孩子就会启动防御系统。防御系统的一大工具就是"否认加反击"。家长就会看到：一个明明做错了事情的孩子，却在家长的各种批评之后，朝着家长大吼大叫。

有没有比较好的教育方法呢？让孩子始终怀有内疚感。当一个人感到内疚的时候，他会想尽一切办法去弥补自己的过错。而当一个人感到愤怒的时候，他会想尽一切办法发泄自己的情绪，以便让自己感觉好一些。

家长如果发现孩子做错了事情，就可以观察一下：孩子是不是很迫切地想要做点什么事情去补救？比如打碎一个杯子，有的孩子会想办法把杯子粘好。这时候请家长一定别再唠叨了，走过去，先问一下孩子有没有受伤，再询问孩子事情发生的经过，最后可以对孩子说"这个杯子挺贵的，是妈妈最喜欢的。可惜被你打破了，我好难过"，让孩子产生内疚感。

孩子不兑现承诺，家长该怎么办

"你自己答应的事，怎么做不到呢？"

"你还记得自己跟我保证的话吗？"

"做人要讲诚信，既然是你答应过的事情，就要做到啊！你总是不兑现承诺，我很生气！"

以上是很多家长会对孩子说的话。家长们也很纳闷：为什么孩子明明保证得很好，却不兑现承诺呢？孩子是不是言而无信呢？再这样下去，孩子是不是就变成了一个不讲诚信的人呢？

家长们先别着急，我来为家长们分析一下孩子不兑现承诺的原因。

🔊 孩子是自愿做出的承诺吗

首先，家长需要分析一下孩子需要遵守的承诺是什么。孩子的承诺一般是：快点做完作业，晚上几点前必须完成作业，不玩网络游戏，坚持锻炼身体，等等。孩子做出的承诺往往是孩子需要努力克服的"顽疾"。家长在面对这些"顽疾"时都会头疼，何况孩子呢？

孩子缺的是承诺吗？孩子缺的是兑现承诺的决心吗？孩子缺的是方法，缺的是家长的帮助。而现实是，有的家长逼迫孩子做出根本兑现不了的承诺，根本不给孩子说"不"的机会。

孩子也是人啊！有的孩子可能根本不愿意做出承诺，他可能根本兑现不了这些承诺，可是他知道自己不做出承诺不行。一些孩子的生存原则是："管它能不能完成，先过了眼前这关再说，我就先承诺吧。"于是，有的孩子就在家长的威逼利诱之下做出了承诺。

一些家长认为，只要孩子做出了承诺，就必须兑现承诺，因为这是孩子自己答应的事情，"一言既出，驷马难追"啊！

🔊 为什么孩子说到做不到呢

有的孩子在跟家长承诺的时候是真的觉得自己可以做到，这通常是一种迷之自信，因为孩子根本没有风险预判的能力，他觉得这事儿非常简单，他想都没想就答应了。但在具体实施的过程中，有的孩子发现现实根本不是自己想的那样，于是他便落得一个言而无信的下场。幼小的孩子通常不能准确评估自己的能力，对自我的认识以及对任务难度的评估不到位，没有很好的预估能力，这其实是因为孩子的大脑发育不成熟，元认知不足。

家长要帮孩子分析清楚任务的难度以及在完成任务的过程中会遇到哪些问题。孩子在听了家长的话后，就会更理智一些。

综上所述，孩子言而无信，说一套做一套，不兑现承诺，并不都是因为孩子的品行有问题。希望各位家长与自家的孩子保持顺畅的沟通。

让我们一起来谈谈失败吧

俗话说："失败是成功之母。"这句话说明了失败中含有成功的因素，失败后还有成功的希望。但是，一个人怎么在失败后，迅速扭转局面，获得成功呢？这是家长需要教给孩子的。然而，事实上，在孩子犯错以后，一些家长并没有真正让孩子明白失败的意义。有的家长嘴上说着允许孩子犯错，却又害怕孩子犯错。

🔊 害怕失败的孩子

"你怎么会在这种问题上出错呢？"

"我都告诉你好几次了，你怎么还会做错呢？"

"天哪，按照你现在的这个进度，什么时候才能成功啊？"

有的家长经常对孩子说："你不懂就要问啊！"然而当孩子来问问题的时候，有的家长又会说："对于这个问题，我已经说了无数遍，你怎么还不会呢？对于这道题目，你怎么还会做错呢，并且每次错的地方都不一样？"

家长渴望成功，也渴望自己的孩子成功。有的家长嘴上说着即使失败了也不要紧，却用各种方式暗示孩子失败是可耻的，失败是失败者的标签，失败者是会被别人嘲笑的。因此，一些孩子害怕失败。

课堂上，有的孩子不敢轻易举手回答问题，好不容易鼓起勇气举手回答问题，结果说错了，惹得其他同学哄堂大笑，即使这种笑声并没有太大的恶意，也会给这个孩子带来强烈的羞耻感。家长该如何解决孩子不敢举手发言的问题呢？

家长可以让孩子观察一下其他同学，看他们是否会出错，出错以后会听到笑声吗。其他同学的笑就一定是嘲笑吗？有时其他同学的笑未必都是恶意的，有时只是因为这个答案确实很搞笑。家长要告诉孩子："积极举手发言是锻炼自己的好机会，有助于提高语言表达能力和逻辑思维能力。想明白和讲明白之间还有较大的鸿沟。要让孩子知道，即使发言错误也比不发言好得多。"

📢 分析失败的原因

失败是什么？一些家长在孩子失败以后会跟孩子一起分析怎么做才能成功。很少有家长会跟孩子分析失败的意义。这就像我们在黑暗的环境中，沿着一条路寻找宝藏，结果一无所获。难道这就意味着我们的探索没有意义吗？当然不是。这次探索至少让我们知道这条路是行不通的，接下来不能再走这条路。我们探索未知道路的数量越多，找到正确方向的可能性就越大。也就是说，孩子犯错误的次数越多，找到正确方向的可能性就越大。有的家长会在孩子失败的时候告诉孩子别灰心，但是并没有告诉孩子犯错的意义。有的孩子只知道在失败的时候强忍着泪水，准备下一次战斗，却没有在上一次的错误中吸取教训。

有的家长认为失败是一个人能力不足的体现。有的家长甚至认为犯错误次数越少的孩子越聪明，那些试来试去总是不成功的孩子一定是比较笨的。

久而久之，一些能力强的孩子刻意隐藏自己的失败、错误，以便维护自己的良好形象，想让别人觉得自己很厉害；一些能力弱的孩子越来越不敢暴露自己的失误，小心翼翼地把自己不会的地方藏起来，以免遭到他人的嘲笑。

当孩子遭遇失败的时候，家长可以用轻松一点儿的语气告诉孩子："哇，你失败了！让我们一起分析一下失败的意义吧。"

如果家长用积极的态度面对孩子的失败，认真分析孩子失败的原因，孩子就会越来越不介意暴露自己的弱点，越来越不介意失败，越来越愿意迎接挑战。

培养孩子的兴趣爱好

如果家庭条件允许，孩子也有精力和能力，家长就可以让孩子坚持学一门才艺。才艺对孩子的发展而言是很有好处的。孩子学才艺的目的不只是为了获得几张证书，更是为了在练习的过程中锤炼自己的意志力。一般来说，如果孩子从小就有一项特长，上台展示自己的机会就会多一些，这也是提升孩子自信心的一个好途径。

孩子在坚持学才艺的路上，往往会有很多小插曲。有的家长看到其他孩子学会了弹钢琴，有些惋惜地说："那时我家孩子跟这个孩子一起学的钢琴，可是我家孩子学了一段时间以后就说没兴趣了。听到孩子说对弹钢琴不感兴趣，再学下去一定会特别痛苦，我就同意孩子放弃学钢琴了。我家孩子如果当时坚持一下，估计他现在也能弹得特别好。"

还有的家长说："我家的这个孩子，总是今天喜欢这个，明天喜欢那个。上完试听课以后，孩子都会说喜欢学。孩子开始真正学习了，才上了几节课后就说不好玩，不想学了。我觉得孩子学得挺辛苦。既然孩子没兴趣学，我就让孩子放弃了。"

"兴趣是最好的老师"，此话不假，兴趣确实能对一个人起到很重要的作用。一个人如果对一件事情有兴趣，他就有动力，有动力就愿意在这件事上多花时间，多练习。孩子如果喜欢这门课，就愿意上这门课，就愿意做这门课的作业。

🔊 熬过艰苦的训练期

任何一门技能的习得都需要人们经历一个比较艰苦的训练期。在这个训练期内，孩子并不是靠兴趣就能坚持下去的，他还需要自身的毅力和其他人的激励。

我见过一个跳舞特别好的学生，她开朗活泼，在舞蹈方面拿了很多奖，一上台整个人都会发光，她的状态让我一直觉得她有非常好的跳舞天赋，学习跳舞的过程一定是一帆风顺的。直到有一次这个学生的妈妈告诉我："我家孩子因为练习跳舞的时间比较长，常常会将脚磨破、出血，她也有过偷懒的时候，我虽然心疼她，但也不纵容她偷懒。"

孩子特别容易喜欢某个东西，也特别容易放弃某个东西。孩子毕竟年龄小，缺乏毅力，在遇到困难时容易退缩，这时就需要家长的帮助、鼓励或监督。外在的约束是促使孩子继续前进的一大动力。

想想我们自己，即使是在做自己感兴趣的事，有时也需要他人的监督才能做到善始善终。成人尚且如此，就不用说幼小的孩子了。

真正的快乐是成就感带来的

其实，哪里有什么纯粹的快乐学习。更多的是孩子克服了学习中的困难，度过了一段艰难的枯燥练习期，将兴趣变成了特长，靠着技能上的进步获得了成就感，这种成就感又会促使孩子继续练习。

如果孩子从来没有体验过"坚持"带来的成功体验，他就感受不到"坚持"带来的乐趣，也就丧失了继续往前走的动力。

孩子会对新鲜的事物感兴趣，轮滑看上去很好玩，乐器听上去很美妙。但孩子不知道的是，要想在某一方面达到一定的水平，就需要经历一段枯燥的练习期。孩子仅靠着自己的新奇感和兴趣，是根本不会有长久的驱动力的。

家长的引导

即使你是"民主型"的家长，在督促孩子练习的过程中也要适当保持一下自己强硬的态度。孩子在学习的过程中会经历枯燥的阶段期和瓶颈期，此时最容易放弃，也绝不是凭借兴趣就可以坚持下去的。如果孩子一说对某件事没兴趣了，家长就听之任之，选择让孩子放弃，那么这样做的后果是孩子不仅没有完成这件事，还容易养成浅尝辄止、轻易放弃的习惯。孩子如果没有体会过"坚持"带来的喜悦，也就没有更深层的理解和追求。

　　该如何对待孩子的兴趣爱好，家长需要有谨慎的态度。在孩子选择放弃的时候，家长需要用适合的方式引领孩子，让孩子学会坚持到底。越过梦想的荆棘，去邂逅那一片花海，体验"坚持"带来的更为持久的愉悦和动力。孩子会在这样的体验中明白，尽管"坚持"很痛，但那是努力向上的证明。

"学习一点儿也不好玩！"

在做语文阅读练习的时候，有的学生会跟我抱怨："老师，又要做阅读题，一点儿也不好玩！"

在练习写作的时候，有的学生会跟我抱怨："老师，又要写作文，烦死了，一点儿也不好玩，还要写那么多字！"

在背课文的时候，有的学生会跟我抱怨："为什么要背这么多课文啊？就不能少背一点儿吗？"

有的学生跟我说："老师，你能不能让阅读和作文好玩一点儿啊？整天写啊背啊，真的很无聊啊！"

我的孩子有时候也会对我说："妈妈，练琴实在太无聊了，我能不能不练了？练琴太没意思了，我能学点儿其他好玩的东西吗？"

不好意思，我只能抱歉地告诉孩子们："不能。"

在我看来，学习本身就是苦的。我们曾经就是这样过来的。然而一些家长主张快乐教育，对孩子的学习采取了放任不管的态度，只要孩子不感兴趣，就从不逼迫孩子学习。结果孩子的学业荒废了。在家长的快乐教育方式下，孩子真的快乐吗？

"学海无涯苦作舟"这句话早已经诠释了学习本身就是苦的，就是不好玩的。孩子要学着吃学习的苦，坚持完成各种学习任务，并在解决学习难题的过程中获得成就感，真正体验到充实的快乐。

🔊 技能的精进，需要多练习

"一万小时的定律"告诉我们：人们眼中的天才之所以卓越非凡，并非天资聪颖，而是因为他们付出了坚持不懈的努力。一万小时的锤炼是普通人变成某一领域顶尖人才的必要条件。孩子若想精进技能，就需要大量重复的练习。

　　有很多老师提倡快乐作文，他们认为：写作文就是"以我手，写我口"，学生们怎么能不快乐呢？孩子只要会表达，自然而然地就会写作文。可是你见过一些孩子连一句完整的话都不会写吗？在这种情况下，你怎么让这些孩子做到"以我手，写我口"呢，怎么让他们快乐作文呢？我认为：孩子们要想提高作文水平，就必须刻苦地频繁练习，并且这个练习的过程还很长。

　　每一门技能的习得都需要漫长而痛苦的过程。孩子对家长说："妈妈，学这个一点儿都不好玩，我不想学了。""爸爸，学这个一点儿意思都没有，太累了，我想放弃了。"即使孩子三番五次地软磨硬泡，家长也不要轻易允许孩子放弃。要知道，孩子不管学什么东西，都需要长时间枯燥的练习。

　　从今天开始，家长如果想要自己的孩子在某个方面精进技能，千万要抛弃那种玩着玩着就能成功的幻想。不要因为快乐教育而让孩子荒废了本该精进的技能。

我们在追求完美的途中一事无成

小时候，我跟着老师练书法，听老师批评一个同学："三天打鱼，两天晒网，你不好好练。你要想练好书法，当然要每天坚持写啦！"我把老师的话牢牢地记在心里，也希望自己真的能够做到。而现实是，在此之后的二十年间我几乎没有练过字，因为我觉得自己做不到每天坚持练习，与其练一天歇两天，还不如不练。

在学生时期，我想要尝试做很多事情，比如练琴、画画、跳舞……但思考之后，我发现，每天需要做的事情非常多，时间也不受控制，既然做不到每天都坚持做，就不如不做了吧。所以，我什么都没做成。

再说说我的假期计划。我会详详细细地把一天的时间按小时分好，然后安排好每个时间段的任务。我只有履行这样完美的假期计划，我的假期才是过得有意义的。当然，我没有一次真正完成过自己的假期计划，因为我往往坚持不了几天，就自己放弃了。我经常这样安慰自己："我已经完不成预期的目标了，就这样算了吧。"然后我就开始放肆地玩，直到假期只剩最后几天，开始猛补作业。

🔊 做事情只能是"全"或"无"吗

我举的这些事有一个共同点，那就是：把目标设定得太完美，反而会因自己的惰性导致什么事情都没做。这是一种"全"或"无"的编码方式，没有中间过渡。直到我读了《就因为"没时间"，才什么都能办到》这本书才发现，原来在"全"和"无"的中间还有很大一片区域，但我并没有去尝试拓展。《就因为"没时间"，才什么都能办到》的作者吉田医生记录了自己去参加一次读书会的经过，由于她和丈夫的工作时间冲突，原本两个小时的会议，她只能参加四十分钟，因此她就真的只参加了四十分钟，并没有因为参加不了全程而完全放弃。在书中，她是这样写的："整场读书会有两个小时，我参加的时间还不到一半，但我还是因此有了四十分钟的收获，比起完全没去好处更多。要是锁定能从头到尾听完的读书会，想必很难等到机会，能学到的东西也是零。但只要看开点，有一点是一点，就能得到些什么。"

其实在生活中，有多少人在找理由放弃呢？

"哎，我最近很忙，没时间坚持，即使我学了，也只能坚持一个星期，等我以后有时间了再做吧。"

"哎，现在不是学习的好时机。我有时间就去练习一下，没有时间就不练习，这样是练不好钢琴的，还是等我有时间了再练吧。"

"哎，对于减肥这事儿，最好每天坚持跑步一小时，而我不可能每天都有时间锻炼，那就算了吧，等我有时间了再说减肥的事吧。"

可是，我们到什么时候才真的有时间呢？

🔊 想做的事不需要追求完美

人人都想追求完美，而有的人在追求完美的途中一事无成，因为他们认为，既然不能做到尽善尽美，就干脆不做吧。可是，在现实生活中，哪有那么多尽善尽美的事情呢？

如果我能做到100分，那固然好。但如果我没时间、没精力，只能做到60分，我也接受。为什么不做呢？比起0分，至少我收获了60分。

你想练习书法，能够每天坚持练习，固然好，但如果做不到呢？因为做不到每天坚持而选择放弃的人其实是在用完美的幌子来掩盖自己不够坚定的内心。

如果你现在有时间，一直想做一件事情，那么你就去做，哪怕你今天只做了二十分钟，但至少你在原来的基础上有所进步了。

如果你去听一场讲座，明明知道自己赶不上全场，与其在家中哀叹，不如努力赶上后半场，说不定演讲者的一句话恰好是你寻觅已久的答案。

从今天起，抛开你的持之以恒，抛开你的完美意识，即使你做不到100分，

60 分也是可以接受的，何必因为做不到 100 分就弃权拿 0 分呢？毕竟，在这个世界上完美的事并不多，你要做的便是利用一切可以利用的时间去做自己想做的事情。

只要一有时间，你就去做点儿自己一直想做的事情，别因为某天没时间做就沮丧懊恼。你如果放下对完美的执着追求，就会收获更多的精彩。有些事情不是因为完美，才值得你去坚持，而是因为你坚持了，才会让事情变得接近完美。请你把这个道理告诉你的孩子，相信他也会因此收获更多。